대한민국 법령 시리즈 199.

공공기관의 운영에 관한 법률

(약칭 : 공공기관운영법)

법령
시행령

해광출판사

머리말

이 책은 방대한 법전을 보지 않고 간편하게 해당되는 법령만 참고해서 볼 수 있도록 하였습니다. 공공기관이나 관련 종사자들이 쉽고 간편하게 대한 법령을 참조 할 수 있도록 하였습니다.

특히 해당법률은 물론 관련 시행령을 함께 실어 관련법을 서로 참고할 수 있게 하였습니다.

법률이라는 것이 크든 작든 항상 변하는 관계로, 출간 이후의 정확하고 최신의 법률은 법제처 국가법령정보센터에서 확인이 가능하니 법률의 실제 적용 시 확인이 필요한 점 유의하기를 바랍니다.

편집부

* 수록 법률은 법제처 국가법령정보센터에서 확인 가능합니다.
* 발행일 기준 시행 법률이므로 최신 법령은 위 센터에서 볼 수 있습니다.
* 본 책자에 수록된 법률의 문구에 대하여 법적인 효력은 없으며,
  실제 적용 법률은 위 센터에서 최신의 법률로 확인하시기 바랍니다.
* 해당 법령과 함께 시행령, 시행규칙도 수록되어 있습니다.
* 발행일 기준으로 개정 예정 법률은 밑줄로 별도 표시되어 있으며,
  보다 정확한 것은 법제처에서 확인하기 바랍니다.

목차

**개정 예정 법률 밑줄 별도 표시.

공공기관의 운영에 관한 법률
(약칭 : 공공기관운영법)

[시행 2021. 1. 1.] [법률 제17128호, 2020. 3. 31., 일부개정]

제1장 총칙

제1조(목적) 이 법은 공공기관의 운영에 관한 기본적인 사항과 자율경영 및 책임경영체제의 확립에 관하여 필요한 사항을 정하여 경영을 합리화하고 운영의 투명성을 제고함으로써 공공기관의 대국민 서비스 증진에 기여함을 목적으로 한다.

제2조(적용 대상 등) ① 이 법은 제4조부터 제6조까지의 규정에 따라 지정·고시된 공공기관에 대하여 적용한다. 〈개정 2020. 6. 9.〉

② 공공기관에 대하여 다른 법률에 이 법과 다른 규정이 있을 경우 이 법에서 그 법률을 따르도록 한 때를 제외하고는 이 법을 우선하여 적용한다.

제3조(자율적 운영의 보장) 정부는 공공기관의 책임경영체제를 확립하기 위하여 공공기관의 자율적 운영을 보장하여야 한다.

제4조(공공기관) ① 기획재정부장관은 국가·지방자치단체가 아닌 법인·단체 또는 기관(이하 "기관"이라 한다)으로서 다음 각 호의 어느 하나에 해당하는 기관을 공공기관으로 지정할 수 있다. 〈개정

2008. 2. 29., 2020. 3. 31., 2020. 6. 9.〉

1. 다른 법률에 따라 직접 설립되고 정부가 출연한 기관

2. 정부지원액(법령에 따라 직접 정부의 업무를 위탁받거나 독점적 사업권을 부여받은 기관의 경우에는 그 위탁업무나 독점적 사업으로 인한 수입액을 포함한다. 이하 같다)이 총수입액의 2분의 1을 초과하는 기관

3. 정부가 100분의 50 이상의 지분을 가지고 있거나 100분의 30 이상의 지분을 가지고 임원 임명권한 행사 등을 통하여 해당 기관의 정책 결정에 사실상 지배력을 확보하고 있는 기관

4. 정부와 제1호부터 제3호까지의 어느 하나에 해당하는 기관이 합하여 100분의 50 이상의 지분을 가지고 있거나 100분의 30 이상의 지분을 가지고 임원 임명권한 행사 등을 통하여 해당 기관의 정책 결정에 사실상 지배력을 확보하고 있는 기관

5. 제1호부터 제4호까지의 어느 하나에 해당하는 기관이 단독으로 또는 두개 이상의 기관이 합하여 100분의 50 이상의 지분을 가지고 있거나 100분의 30 이상의 지분을 가지고 임원 임명권한 행사 등을 통하여 해당 기관의 정책 결정에 사실상 지배력을 확보하고 있는 기관

6. 제1호부터 제4호까지의 어느 하나에 해당하는 기관이 설립하고, 정부 또는 설립 기관이 출연한 기관

② 제1항에도 불구하고 기획재정부장관은 다음 각 호의 어느 하나에 해당하는 기관을 공공기관으로 지정할 수 없다. 〈개정 2007. 12. 14., 2008. 2. 29., 2020. 6. 9.〉

1. 구성원 상호 간의 상호부조·복리증진·권익향상 또는 영업질서 유지 등을 목적으로 설립된 기관

2. 지방자치단체가 설립하고, 그 운영에 관여하는 기관

3. 「방송법」에 따른 한국방송공사와 「한국교육방송공사법」에 따른 한국교육방송공사

③ 제1항제2호의 규정에 따른 정부지원액과 총수입액의 산정 기준·방법 및 같은 항 제3호부터 제5호까지의 규정에 따른 사실상 지배력 확보의 기준에 관하여 필요한 사항은 대통령령으로 정한다. 〈개정 2020. 6. 9.〉

제5조(공공기관의 구분) ① 기획재정부장관은 공공기관을 다음 각 호의 구분에 따라 지정한다. 〈개정 2020. 3. 31.〉

1. 공기업·준정부기관: 직원 정원, 수입액 및 자산규모가 대통령령으로 정하는 기준에 해당하는 공공기관

2. 기타공공기관: 제1호에 해당하는 기관 이외의 기관

② 제1항제1호에도 불구하고 기획재정부장관은 다른 법률에 따라 책임경영체제가 구축되어 있거나 기관 운영의 독립성, 자율성 확보 필요성이 높은 기관 등 대통령령으로 정하는 기준에 해당하는 공공기관은 기타공공기관으로 지정할 수 있다. 〈신설 2020. 3. 31.〉

③ 기획재정부장관은 제1항의 규정에 따라 공기업과 준정부기관을 지정하는 경우 총수입액 중 자체수입액이 차지하는 비중이 대통령령으로 정하는 기준 이상인 기관은 공기업으로 지정하고, 공기업이 아닌 공공기관은 준정부기관으로 지정한다. 〈개정 2008. 2. 29., 2020. 3. 31.〉

④ 기획재정부장관은 제1항 및 제3항의 규정에 따른 공기업과 준정부기관을 다음 각 호의 구분에 따라 세분하여 지정한다. 〈개정 2008. 2. 29., 2020. 3. 31., 2020. 6. 9.〉

1. 공기업

가. 시장형 공기업 : 자산규모와 총수입액 중 자체수입액이 대통령령으로 정하는 기준 이상인 공기업

나. 준시장형 공기업 : 시장형 공기업이 아닌 공기업

2. 준정부기관

가. 기금관리형 준정부기관 : 「국가재정법」에 따라 기금을 관리하거나 기금의 관리를 위탁받은 준정부기관

나. 위탁집행형 준정부기관 : 기금관리형 준정부기관이 아닌 준정부기관

⑤ 기획재정부장관은 제1항 및 제2항에 따라 기타공공기관을 지정하는 경우 기관의 성격 및 업무 특성 등을 고려하여 기타공공기관 중 일부를 연구개발을 목적으로 하는 기관 등으로 세분하여 지정할 수 있다. 〈개정 2008. 2. 29., 2018. 3. 27., 2020. 3. 31.〉

⑥ 제3항 및 제4항의 규정에 따른 자체수입액 및 총수입액의 구체적인 산정 기준과 방법 및 제5항에 따른 기타공공기관의 종류와 분류의 세부 기준은 대통령령으로 정한다. 〈개정 2018. 3. 27., 2020. 3. 31.〉

제6조(공공기관 등의 지정 절차) ① 기획재정부장관은 매 회계연도 개시 후 1개월 이내에 공공기관을 새로 지정하거나, 지정을 해제하거나, 구분을 변경하여 지정한다. 다만, 회계연도 중이라도 다음 각

호의 구분에 따라 공공기관을 새로 지정하거나, 지정을 해제하거나, 구분을 변경하여 지정할 수 있다. 〈개정 2009. 12. 29.〉

1. 제4조제1항 각 호의 요건에 해당하는 기관이 신설된 경우: 신규 지정

2. 공공기관으로 지정된 기관이 민영화, 기관의 통합 · 폐지 · 분할 또는 관련 법령의 개정 · 폐지 등에 따라 이 법의 적용을 받을 필요가 없게 되거나 그 지정을 변경할 필요가 발생한 경우: 지정 해제 또는 구분 변경 지정

② 기획재정부장관은 제1항의 규정에 따라 공기업 · 준정부기관과 기타공공기관을 새로 지정하거나 지정해제 또는 변경지정하는 때에는 관계 법령에 따라 그 공기업 · 준정부기관과 기타공공기관의 업무를 관장하는 행정기관(이하 "주무기관"이라 한다)의 장과 협의한 후, 제8조의 규정에 따른 공공기관운영위원회의 심의 · 의결을 거쳐야 한다. 〈개정 2008. 2. 29.〉

③ 기획재정부장관은 제1항 및 제2항의 규정에 따라 공기업 · 준정부기관과 기타공공기관을 새로 지정하거나 지정해제 또는 변경지정할 경우 이를 고시하여야 한다. 이 경우 필요하다고 인정하는 때에는 기존의 공기업 · 준정부기관과 기타공공기관을 함께 고시할 수 있다. 〈개정 2008. 2. 29.〉

④ 공기업 · 준정부기관과 기타공공기관의 지정(변경지정을 포함한다) · 지정해제와 고시 절차 등에 관하여 필요한 사항은 대통령령으로 정한다.

제7조(기관 신설에 대한 심사) ① 주무기관의 장은 법률에 따라 다

음 각 호의 어느 하나에 해당하는 기관을 신설하고자 할 때에는 그 법률안을 입법예고하기 전에 기획재정부장관에게 그 기관 신설의 타당성에 대하여 심사를 요청하여야 한다. 〈개정 2008. 2. 29.〉

1. 법률안에 정부의 출연근거가 규정되어 있는 기관

2. 정부지원액이 총수입액의 2분의 1을 초과할 것으로 추계되는 기관

3. 법률안에 정부가 단독으로 또는 정부와 공공기관이 합하여 자본금의 100분의 30 이상을 출자하는 것으로 규정되어 있는 기관

② 제1항의 규정에 따라 심사를 요청받은 기획재정부장관은 제8조의 규정에 따른 공공기관운영위원회의 심의·의결을 거쳐 기관 신설 및 재정지원 등의 필요성과 효과 등을 심사하고, 그 결과를 주무기관의 장에게 통보하여야 한다. 〈개정 2008. 2. 29.〉

③ 제1항 및 제2항의 규정에 따른 기관 신설의 타당성 심사 등에 관하여 필요한 사항은 대통령령으로 정한다.

제2장 공공기관운영위원회

제8조(공공기관운영위원회의 설치) 공공기관의 운영에 관하여 다음 각 호에 관한 사항을 심의·의결하기 위하여 기획재정부장관 소속하에 공공기관운영위원회(이하 "운영위원회"라 한다)를 둔다. 〈개정 2008. 2. 29., 2008. 12. 31., 2009. 12. 29., 2016. 3. 22., 2018. 3. 27., 2020. 6. 9.〉

1. 제4조부터 제6조까지의 규정에 따른 공기업·준정부기관과 기타공공기관의 지정, 지정해제와 변경지정

2. 제7조의 규정에 따른 기관의 신설 심사

3. 제11조제1항제16호에 따른 공공기관의 경영공시

4. 제12조제3항에 따른 공시의무 등의 위반에 대한 인사상 조치 등

5. 제14조의 규정에 따른 공공기관의 기능조정 등

6. 제15조의 규정에 따른 공공기관의 혁신지원 등

7. 제21조제2항 단서에 따른 시장형 공기업과 준시장형 공기업의 선임비상임이사 임명

8. 제25조 및 제26조의 규정에 따른 공기업·준정부기관의 임원 임명 등

9. 제33조에 따른 보수지침

10. 제35조제2항, 같은 조 제3항 단서 및 제52조의3제3항의 규정에 따른 공기업·준정부기관의 임원에 대한 해임이나 해임 건의 등

11. 제36조의 규정에 따른 비상임이사·감사에 대한 직무수행실적 평가 등

12. 제48조의 규정에 따른 공기업·준정부기관의 경영실적 평가 등

13. 제50조의 규정에 따른 공기업·준정부기관의 경영지침

14. 제51조제4항의 규정에 따른 공기업·준정부기관에 대한 감독의 적정성의 점검과 개선

15. 제52조의4제1항에 따른 명단의 공개

16. 제52조의5제1항에 따른 합격취소등

17. 그 밖에 공공기관의 운영과 관련하여 대통령령으로 정하는 사항

제9조(운영위원회의 구성) ① 운영위원회는 위원장 1인 및 다음 각 호의 위원으로 구성하되, 기획재정부장관이 위원장이 된다. 〈개정 2008. 2. 29., 2013. 3. 23., 2020. 6. 9.〉

1. 국무조정실의 차관급 공무원으로서 국무조정실장이 지명하는 공무원 1인

2. 대통령령으로 정하는 관계 행정기관의 차관·차장 또는 이에 상당하는 공무원

3. 제2호에 해당하지 아니하는 주무기관의 차관·차장 또는 이에 상당하는 공무원

4. 공공기관의 운영과 경영관리에 관하여 학식과 경험이 풍부하고 중립적인 사람으로서 법조계·경제계·언론계·학계 및 노동계 등 다양한 분야에서 기획재정부장관의 추천으로 대통령이 위촉하는 11인 이내의 사람

② 제1항제4호의 규정에 따른 위원의 임기는 3년으로 하되, 연임할 수 있다.

③ 제1항제4호의 규정에 따른 위원은 공공기관의 자율·책임경영체제 확립 및 경영효율성 제고를 위하여 그 양심에 따라 성실히 직무를 수행하여야 한다.

④ 제1항제4호의 규정에 따른 위원은 다음 각 호의 어느 하나에 해당하는 경우 해촉될 수 있다.

1. 심신장애로 인하여 직무를 수행할 수 없게 된 때

2. 직무태만, 품위손상 그 밖의 사유로 인하여 위원으로 적합하지 아니하다고 인정된 때

3. 직무와 관련한 형사사건으로 기소된 때

⑤ 위원장은 제1항제4호의 규정에 따른 위원이 제4항 각 호의 어느 하나에 해당하게 된 때에는 대통령에게 해촉을 건의할 수 있다. 다만, 제4항제1호의 경우에는 해촉을 건의하여야 한다.

⑥ 운영위원회의 구성에 관하여 필요한 사항은 대통령령으로 정한다.

제10조(운영위원회의 회의) ① 운영위원회의 회의는 위원장을 포함하여 20인 이내의 위원으로 구성하되, 제9조제1항제2호 및 제3호에 해당하는 위원 중 운영위원회의 회의에 참석하는 위원은 위원장이 안건별로 지명하고, 같은 항 제4호에 해당하는 위원의 수가 회의 구성원의 과반수가 되도록 하여야 한다. 〈개정 2008. 2. 29., 2020. 6. 9.〉

② 운영위원회의 회의는 구성원 과반수의 출석으로 개의하고, 출석위원 과반수의 찬성으로 의결한다.

③ 감사원장과 관계 행정기관의 장은 운영위원회의 심의·의결과 관련하여 필요하다고 인정하는 경우 운영위원회에 의견을 제출할 수 있고, 운영위원회 위원장의 요청이나 운영위원회의 의결이 있을 때에는 소속 공무원으로 하여금 운영위원회에 출석하여 발언하게 할 수 있다.

④ 운영위원회의 사무를 처리하기 위하여 간사 1인을 두되, 간사는 위원장이 지명하는 고위공무원단 소속 공무원이 된다.

⑤ 운영위원회의 운영에 관하여 필요한 사항은 대통령령으로 정한다.

⑥ 운영위원회는 대통령령으로 정하는 바에 따라 회의록을 작성하고 공개하여야 한다. 다만, 「공공기관의 정보공개에 관한 법률」 제9조제1항에 따른 비공개 대상 정보는 공개하지 아니할 수 있다. 〈신설 2020. 3. 31.〉

제3장 공공기관의 경영공시 등

제11조(경영공시) ① 공공기관은 다음 각 호의 사항을 공시하여야 한다. 다만, 「공공기관의 정보공개에 관한 법률」 제9조에 따른 비공개 사유에 해당되는 경우 또는 주무기관의 장이 국가안보를 위하여 필요하다고 인정하여 기획재정부장관과 협의한 경우에는 해당되는 부분을 공시하지 아니할 수 있다. 〈개정 2008. 2. 29., 2008. 12. 31., 2009. 12. 29., 2016. 3. 22., 2018. 3. 27., 2018. 12. 31., 2020. 6. 9.〉

1. 경영목표와 예산 및 운영계획

2. 결산서

3. 임원 및 운영인력 현황(임원의 성별, 임직원의 성별 임금 현황, 근로자의 고용형태 현황 및 비정규직 근로자의 정규직 전환비율을 포함한다)

4. 인건비 및 복리후생비 예산과 집행 현황(이 경우 각종 수당 등을 항목별로 공시하여야 한다)

5. 자회사·출자회사·재출자회사와의 거래내역 및 인력교류 현황

(최근 5년간 퇴임하거나 퇴직한 임직원의 자회사 · 출자회사 · 재출자회사 취업 현황을 포함한다)

6. 제13조제2항의 규정에 따라 실시된 고객만족도 조사 결과

7. 제36조제1항에 따른 감사나 감사위원회 감사위원의 직무수행실적 평가 결과

8. 제48조의 규정에 따른 경영실적 평가 결과(공기업 · 준정부기관에 한정한다)

9. 정관 · 사채원부, 지침 · 예규 등 내부 규정 및 이사회 회의록

10. 감사 또는 감사위원회의 감사보고서(지적사항 및 처분요구사항과 그에 대한 조치계획을 포함한다)

11. 주무기관의 장의 공공기관에 대한 감사결과(지적사항 및 처분요구사항과 그에 대한 조치계획을 포함한다)

12. 「감사원법」 제31조(변상책임의 판정등)부터 제34조의2(권고등)까지의 규정에 따라 변상책임 판정, 징계 · 시정 · 개선 요구 등을 받거나 「국정감사 및 조사에 관한 법률」 제16조(감사 또는 조사결과에 대한 처리)의 규정에 따라 시정요구를 받은 경우 그 내용과 그에 대한 공공기관 등의 조치 사항

13. 징계제도 관련 정보 및 징계처분 결과 등을 포함한 징계운영현황

14. 소송 현황, 법률자문 현황, 소송대리인 및 고문변호사 현황

15. 「국가재정법」 제9조의2에 따라 국회에 제출된 중장기재무관리계획 중 기관별 중장기재무관리계획

16. 그 밖에 공공기관의 경영에 관한 중요한 사항으로서 기획재

정부장관이 운영위원회의 심의·의결을 거쳐 공시하도록 요청한 사항

② 공공기관은 제1항 각 호의 사항을 인터넷 홈페이지를 통하여 공시하여야 하고, 사무소에 필요한 서류를 비치하여야 한다.

③ 공공기관은 제1항의 규정에 따라 공시된 사항에 대한 열람이나 복사를 요구하는 자에 대하여 이를 열람하게 하거나 그 사본이나 복제물을 내주어야 한다. 이 경우 비용의 부담에 관하여는 「공공기관의 정보공개에 관한 법률」 제17조(비용부담)의 규정을 준용한다.

④ 공공기관의 경영공시에 관하여 필요한 사항은 대통령령으로 정한다.

제12조(통합공시) ① 기획재정부장관은 제11조제1항의 규정에 따라 각 공공기관이 공시하는 사항 중 주요사항을 별도로 표준화하고 이를 통합하여 공시(이하 이 조에서 "통합공시"라 한다)할 수 있다. 〈개정 2008. 2. 29.〉

② 기획재정부장관은 공공기관에 통합공시를 하기 위하여 필요한 자료의 제출을 요청할 수 있고, 공공기관은 특별한 사정이 없으면 그 요청을 따라야 한다. 〈개정 2008. 2. 29., 2020. 6. 9.〉

③ 기획재정부장관은 공공기관이 제11조의 규정에 따른 경영공시 의무 및 제1항의 규정에 따른 통합공시 의무를 성실하게 이행하지 않거나 허위의 사실을 공시한 때에는 해당 기관으로 하여금 해당 사실을 공고하고 허위사실 등을 시정하도록 명령할 수 있으며, 운영위원회의 심의·의결을 거쳐 주무기관의 장 또는 해당 공공기관의

장에게 관련자에 대한 인사상의 조치 등을 취하도록 요청할 수 있다. 〈개정 2008. 2. 29., 2020. 3. 31.〉

④ 통합공시의 기준과 방법 등에 관하여 필요한 사항은 대통령령으로 정한다.

제13조(고객헌장과 고객만족도 조사) ① 국민에게 직접 서비스를 제공하는 공공기관은 다음 각 호에 관한 사항이 포함된 고객헌장을 제정하여 공표하여야 한다.

1. 기본 임무
2. 제공하는 서비스의 내용과 바람직한 서비스의 수준
3. 제공하는 서비스에 대한 불만처리, 시정 절차 및 배상 등의 책임
4. 제공하는 서비스의 향상을 위한 노력 및 계획 등

② 국민에게 직접 서비스를 제공하는 공공기관은 그 공공기관의 서비스를 제공받는 국민을 대상으로 연 1회 이상 고객만족도 조사를 실시하여야 한다. 이 경우 기획재정부장관은 공공기관으로 하여금 고객만족도 조사를 통합하여 실시하게 하고, 그 결과를 종합하여 공표할 수 있다. 〈개정 2008. 2. 29.〉

③ 제1항 및 제2항의 규정에 따라 고객헌장을 제정하여 공표하거나 고객만족도 조사를 실시하여야 하는 공공기관의 범위, 고객헌장의 제정·공표, 고객만족도 조사의 절차·범위 등에 관하여 필요한 사항은 대통령령으로 정한다.

제14조(공공기관에 대한 기능조정 등) ① 기획재정부장관은 주무기관의 장과 협의한 후 운영위원회의 심의·의결을 거쳐 공공기관이

수행하는 기능의 적정성을 점검하고 기관통폐합·기능 재조정 및 민영화 등에 관한 계획을 수립하여야 한다. 이 경우 기획재정부장관은 수립된 계획을 국회 소관 상임위원회에 보고하여야 한다. 〈개정 2008. 2. 29., 2016. 12. 27.〉

② 기획재정부장관은 제1항에 따라 계획을 수립하는 경우 연구개발을 목적으로 하는 기관 등 제5조제5항에 따라 세분하여 지정된 기타공공기관에 대해서는 기관의 성격 및 업무 특성을 반영하여야 한다. 〈신설 2018. 3. 27., 2020. 3. 31.〉

③ 주무기관의 장은 제1항의 규정에 따라 수립된 계획을 집행하고, 그 실적에 관한 보고서를 기획재정부장관에게 제출하여야 한다. 〈개정 2008. 2. 29., 2018. 3. 27.〉

④ 기획재정부장관은 제3항에 따른 보고서의 내용을 분석하여 집행실태를 확인·점검한 후 필요한 때에는 운영위원회의 심의·의결을 거쳐 원활한 계획집행을 위하여 필요한 조치를 주무기관의 장에게 요구할 수 있다. 〈개정 2008. 2. 29., 2018. 3. 27.〉

⑤ 제1항, 제3항 및 제4항에 따른 계획의 수립 및 집행 등에 관하여 필요한 사항은 대통령령으로 정한다. 〈개정 2018. 3. 27.〉

제15조(공공기관의 혁신) ① 공공기관은 경영효율성 제고 및 공공서비스 품질 개선을 위하여 지속적인 경영혁신을 추진하여야 한다.

② 기획재정부장관은 제1항의 규정에 따른 경영혁신을 지원하기 위하여 운영위원회의 심의·의결을 거쳐 관련 지침의 제정, 혁신수준의 진단 등 필요한 조치를 할 수 있다. 이 경우 연구개발을 목적으로 하는 기관 등 제5조제5항에 따라 세분하여 지정된 기타공공기

관에 대해서는 기관의 성격 및 업무 특성을 반영하여야 한다. 〈개정 2008. 2. 29., 2018. 3. 27., 2020. 3. 31.〉

제4장 공기업·준정부기관의 운영

제1절 정관

제16조(정관의 기재사항) ① 공기업·준정부기관의 정관에는 다음 각 호에 관한 사항을 기재하여야 한다. 다만, 그 공기업·준정부기관의 형태와 특성 및 업무내용상 해당되지 아니하는 사항은 기재하지 아니할 수 있다. 〈개정 2008. 12. 31., 2020. 6. 9.〉

1. 목적
2. 명칭
3. 주된 사무소가 있는 곳
4. 자본금
5. 주식 또는 출자증권
6. 임원 및 직원에 관한 사항
7. 주주총회나 출자자총회
8. 이사회의 운영
9. 사업범위 및 내용과 그 집행
10. 회계
11. 공고의 방법
12. 사채의 발행
13. 정관의 변경
14. 그 밖에 대통령령으로 정하는 사항

② 공기업·준정부기관은 제6조의 규정에 따라 공기업·준정부기관으로 지정된 후 3개월 이내에 제1항의 규정에 따른 정관에 대하여 주무기관의 장의 인가를 받아야 한다. 인가받은 정관의 기재사항을 변경하는 경우에도 또한 같다. 〈개정 2020. 6. 9.〉

제2절 이사회

제17조(이사회의 설치와 기능) ① 공기업·준정부기관에 다음 각 호의 사항을 심의·의결하기 위하여 이사회를 둔다. 〈개정 2010. 5. 17.〉

1. 경영목표, 예산, 운영계획 및 중장기재무관리계획
2. 예비비의 사용과 예산의 이월
3. 결산
4. 기본재산의 취득과 처분
5. 장기차입금의 차입 및 사채의 발행과 그 상환 계획
6. 생산 제품과 서비스의 판매가격
7. 잉여금의 처분
8. 다른 기업체 등에 대한 출자·출연
9. 다른 기업체 등에 대한 채무보증. 다만, 다른 법률에 따라 보증업무를 수행하는 공기업·준정부기관의 경우 그 사업 수행을 위한 채무보증은 제외한다.
10. 정관의 변경
11. 내규의 제정과 변경
12. 임원의 보수

13. 공기업·준정부기관의 장(이하 "기관장"이라 한다)이 필요하다고 인정하여 이사회의 심의·의결을 요청하는 사항

14. 그 밖에 이사회가 특히 필요하다고 인정하는 사항

② 기관장은 다음 각 호의 사항을 이사회에 보고하여야 한다. 〈개정 2020. 6. 9.〉

1. 국정감사, 제43조제1항의 규정에 따라 실시된 회계감사와 제52조의 규정에 따라 감사원이 실시한 감사에서 지적된 사항과 그에 대한 조치 계획 및 실적

2. 공기업·준정부기관의 단체협약 결과와 그에 따른 예산소요 추계(단체협약을 체결한 경우에 한정한다)

3. 그 밖에 이사회가 기관장에게 보고하도록 요구하는 사항

③ 공기업·준정부기관의 설치·운영 등에 관하여 다른 법률에서 그 공기업·준정부기관에 이사회를 두지 아니하고, 제1항의 규정에 따른 기능을 수행하는 다른 기구를 둔 경우에는 그 다른 기구를 명칭과 관계없이 이 법에 따른 이사회로 보고, 그 구성원은 이 법에 따른 이사로 보아 이 법을 적용한다.

제18조(구성) ① 이사회는 기관장을 포함한 15인 이내의 이사로 구성한다. 다만, 다음 각 호의 어느 하나에 해당하는 경우에는 15인을 초과할 수 있다. 〈개정 2020. 6. 9.〉

1. 주주총회나 출자자총회 등 사원총회가 있는 공기업·준정부기관 중 다른 법률에 따라 지역이나 직종별 기관의 연합으로 설립된 공기업·준정부기관

2. 제6조의 규정에 따라 공기업·준정부기관으로 지정될 당시 이

사 정수가 15인을 초과하는 경우. 다만, 제28조제1항 단서의 규정에 따라 지정될 당시 재직 이사의 임기가 보장되는 기간 내에 한정한다.

3. 제25조제3항 후단의 규정에 따라 비상임이사를 선임함으로써 15인을 초과하는 경우

② 시장형 공기업과 자산규모가 2조원 이상인 준시장형 공기업의 이사회 의장은 제21조에 따른 선임비상임이사가 된다. 다만, 이사회 의장이 부득이한 사유로 그 직무를 수행할 수 없을 때에는 정관으로 정하는 바에 따라 비상임이사 중 1명이 그 직무를 대행한다. 〈개정 2009. 12. 29.〉

③ 제2항을 적용할 때에 제6조에 따라 시장형 공기업 또는 준시장형 공기업으로 지정될 당시 비상임이사가 없는 경우에는 제25조제3항 후단에 따라 비상임이사가 선임되기 전까지 이사회 의장은 시장형 공기업 또는 준시장형 공기업 지정 당시의 법령에서 정한 사람이 된다. 〈개정 2009. 12. 29., 2020. 6. 9.〉

④ 자산규모가 2조원 미만인 준시장형 공기업과 준정부기관의 이사회 의장은 기관장이 된다. 다만, 다른 법률에서 기관장과 이사회 의장의 겸임을 금지하는 경우에는 그 법률의 규정에 따른다. 〈개정 2009. 12. 29.〉

제19조(회의) ① 이사회의 회의는 이사회 의장이나 재적이사 3분의 1 이상의 요구로 소집하고, 이사회 의장이 그 회의를 주재한다.

② 이사회는 재적이사 과반수의 찬성으로 의결한다.

③ 이사회의 안건과 특별한 이해관계가 있는 기관장이나 이사는

그 안건의 의결에 참여할 수 없다. 이 경우 의결에 참여하지 못하는 이사 등은 제2항의 규정에 따른 재적이사 수에 포함되지 아니한다.

④ 감사는 이사회에 출석하여 의견을 진술할 수 있다.

⑤ 이사회의 통신수단에 의한 의결과 회의록 등에 관하여는 「상법」 제391조(이사회의 결의 방법)제2항, 같은 법 제391조의3(이사회의 의사록)제1항 및 제2항의 규정을 각각 준용한다. 〈개정 2020. 6. 9.〉

제20조(위원회) ① 공기업의 이사회는 그 공기업의 정관에 따라 이사회에 위원회를 설치할 수 있다. 이 경우 위원회의 구성과 권한 등에 관한 사항은 「상법」 제393조의2(이사회내 위원회)의 규정을 준용한다.

② 시장형 공기업과 자산규모가 2조원 이상인 준시장형 공기업에는 제24조제1항에 따른 감사를 갈음하여 제1항에 따른 위원회로서 이사회에 감사위원회를 설치하여야 한다. 다만, 새로 감사위원회를 설치하여야 하는 공기업에 감사가 있는 경우에는 그 감사의 임기가 종료된 후에 설치한다. 〈개정 2009. 12. 29.〉

③ 자산규모가 2조원 미만인 준시장형 공기업과 준정부기관은 다른 법률의 규정에 따라 감사위원회를 설치할 수 있다. 〈개정 2009. 12. 29.〉

④ 감사위원회의 구성 및 권한 등에 관하여는 이 법에서 규정한 것을 제외하고는 「상법」 제542조의11 및 제542조의12제3항부터 제6항까지의 규정을 준용한다. 〈개정 2007. 8. 3., 2009. 12. 29.〉

⑤ 감사위원회는 제32조제5항의 규정에 따라 업무와 회계에 대한

감사를 실시하고, 그 결과를 이사회에 보고하여야 한다.

제21조(선임비상임이사) ① 공기업·준정부기관에 선임비상임이사 1인을 둔다.

② 선임비상임이사는 비상임이사 중에서 호선(互選)한다. 다만, 시장형 공기업과 자산규모가 2조원 이상인 준시장형 공기업의 선임비상임이사는 비상임이사 중에서 기획재정부장관이 운영위원회의 심의·의결을 거쳐 임명한다. 〈개정 2008. 2. 29., 2009. 12. 29.〉

③ 선임비상임이사의 자격과 직무수행 등에 관하여 필요한 사항은 대통령령으로 정한다.

제22조(해임 요청 등) ① 이사회는 기관장이 법령이나 정관을 위반하는 행위를 하거나 그 직무를 게을리하는 등 기관장으로서의 직무수행에 현저한 지장이 있다고 판단되는 경우 이사회의 의결을 거쳐 주무기관의 장에게 그 기관장을 해임하거나 해임을 건의하도록 요청할 수 있다.

② 비상임이사는 필요하다고 인정하는 경우에는 비상임이사 2인 이상의 연서로 공기업·준정부기관의 운영과 관련하여 감사(監事)나 감사위원회에 특정사안에 대한 감사(監査)를 요청할 수 있다. 이 경우 감사나 감사위원회는 특별한 사정이 없으면 그 요청을 따라야 한다. 〈개정 2020. 6. 9.〉

③ 비상임이사는 이사로서 업무를 수행하기 위하여 필요한 자료를 기관장에게 요구할 수 있다. 이 경우 기관장은 특별한 사정이 없으면 그 요구를 따라야 한다. 〈개정 2020. 6. 9.〉

제23조(기금운용심의회) ① 기금관리형 준정부기관은 「국가재정법」

제74조(기금운용심의회)제1항 단서에도 불구하고 그 준정부기관의 이사회와 분리된 기금운용에 관한 심의기구(이하 "기금운용심의회"라 한다)를 설치하여야 한다. 다만, 다른 법령에서 기금관리형 준정부기관에서 운용하는 기금에 대한 중요정책을 심의하기 위한 기구를 주무기관에 설치하도록 되어 있는 경우에는 그 기금관리형 준정부기관에 기금운용심의회를 설치하지 아니한다. 〈개정 2020. 6. 9.〉

② 제1항 본문의 규정에 따른 기금운용심의회의 기능·구성 및 운영에 관한 사항은 「국가재정법」에서 정하는 바에 따른다. 〈개정 2020. 6. 9.〉

③ 기금관리형 준정부기관이 제1항의 규정에 따라 기금운용심의회를 설치하고, 다른 법령에서 제17조제1항 각 호의 사항 중 일부를 기금운용심의회의 심의·의결사항으로 정하는 경우에는 그 사항을 제17조제1항의 규정에 따른 심의·의결사항에서 제외할 수 있다.

제3절 임원

제24조(임원) ① 공기업·준정부기관에 임원으로 기관장을 포함한 이사와 감사를 둔다. 다만, 제20조제2항 및 제3항의 규정에 따라 감사위원회를 두는 경우에는 감사를 두지 아니한다.

② 이사는 상임 및 비상임으로 구분한다.

③ 공기업 상임이사와 기관규모가 대통령령으로 정하는 기준 이상이거나 업무내용의 특수성을 고려하여 대통령령으로 정하는 준정부기관 상임이사의 정수는 기관장을 포함한 이사 정수의 2분의 1 미

만으로 한다. 다만, 제6조에 따라 공기업·준정부기관으로 지정될 당시 상임이사의 정수가 기관장을 포함한 이사 정수의 2분의 1 이상인 경우 제28조제1항 단서에 따라 임원의 임기가 보장되는 동안에는 상임이사의 정수는 기관장을 포함한 이사 정수의 2분의 1 이상으로 할 수 있다. 〈개정 2009. 12. 29., 2020. 6. 9.〉

④ 제3항 본문에 따른 준정부기관 이외의 준정부기관 상임이사의 정수는 기관장을 포함한 이사 정수의 3분의 2 미만으로 한다. 다만, 제6조에 따라 준정부기관으로 지정될 당시 상임이사의 정수가 기관장을 포함한 이사 정수의 3분의 2 이상인 경우 제28조제1항 단서에 따라 임원의 임기가 보장되는 동안에는 상임이사의 정수는 기관장을 포함한 이사 정수의 3분의 2 이상으로 할 수 있다. 〈신설 2009. 12. 29.〉

⑤ 감사는 다른 법령이나 정관으로 정하는 바에 따라 상임 또는 비상임으로 한다. 〈신설 2009. 12. 29.〉

제24조의2(양성평등을 위한 임원임명 목표제) ① 공기업·준정부기관은 각 기관의 특성을 고려하여 양성평등을 실현하기 위한 임원임명목표를 정하여야 한다.

② 기관장은 제1항의 목표에 따라 임원임명에 대한 연차별 목표를 수립하고 그 이행을 위하여 노력하여야 한다.

③ 기관장은 제2항에 따른 목표 수립 및 이행에 관한 연차별 보고서를 기획재정부장관에게 제출하여야 한다.

④ 제2항에 따른 연차별 목표의 수립·이행 및 제3항에 따른 연차별 보고서의 작성 등에 필요한 사항은 대통령령으로 정한다.

[본조신설 2018. 12. 31.]

제25조(공기업 임원의 임면) ① 공기업의 장은 제29조의 규정에 따른 임원추천위원회(이하 “임원추천위원회”라 한다)가 복수로 추천하여 운영위원회의 심의·의결을 거친 사람 중에서 주무기관의 장의 제청으로 대통령이 임명한다. 다만, 기관 규모가 대통령령으로 정하는 기준 이하인 공기업의 장은 임원추천위원회가 복수로 추천하여 운영위원회의 심의·의결을 거친 사람 중에서 주무기관의 장이 임명한다. 〈개정 2020. 6. 9.〉

② 공기업의 상임이사는 공기업의 장이 임명한다. 다만, 제20조제2항 및 제3항에 따른 감사위원회의 감사위원이 되는 상임이사(이하 “상임감사위원”이라 한다)는 제4항에서 정한 절차에 따라 대통령 또는 기획재정부장관이 임명한다. 〈개정 2009. 12. 29.〉

③ 공기업의 비상임이사는 임원추천위원회가 복수로 추천하는 경영에 관한 학식과 경험이 풍부한 사람(국·공립학교의 교원이 아닌 공무원은 제외한다) 중에서 운영위원회의 심의·의결을 거쳐 기획재정부장관이 임명한다. 이 경우 제6조의 규정에 따른 지정 당시 비상임이사가 없는 공기업은 지정 후 3개월 이내에 비상임이사 2인 이상을 선임하여야 한다. 〈개정 2008. 2. 29., 2020. 6. 9.〉

④ 공기업의 감사는 임원추천위원회가 복수로 추천하여 운영위원회의 심의·의결을 거친 사람 중에서 기획재정부장관의 제청으로 대통령이 임명한다. 다만, 기관 규모가 대통령령으로 정하는 기준 이하인 공기업의 감사는 임원추천위원회가 복수로 추천하여 운영위원회의 심의·의결을 거친 사람 중에서 기획재정부장관이 임명한다.

〈개정 2008. 2. 29., 2020. 6. 9.〉

⑤ 공기업의 장은 제22조제1항, 제35조제3항, 제48조제4항ㆍ제8항 및 제52조의3제3항에 따라 그 임명권자가 해임하거나 정관으로 정한 사유가 있는 경우를 제외하고는 임기 중 해임되지 아니한다. 〈개정 2008. 12. 31., 2009. 3. 25., 2018. 3. 27.〉

제26조(준정부기관 임원의 임면) ① 준정부기관의 장은 임원추천위원회가 복수로 추천한 사람 중에서 주무기관의 장이 임명한다. 다만, 기관 규모가 대통령령으로 정하는 기준 이상이거나 업무내용의 특수성을 고려하여 대통령령으로 정하는 준정부기관의 장은 임원추천위원회가 복수로 추천한 사람 중에서 주무기관의 장의 제청으로 대통령이 임명한다. 〈개정 2020. 6. 9.〉

② 준정부기관의 상임이사는 준정부기관의 장이 임명하되, 다른 법령에서 상임이사에 대한 별도의 추천위원회를 두도록 정한 경우에 상임이사의 추천에 관하여는 그 법령의 규정에 따른다. 다만, 상임감사위원은 제4항에서 정한 절차에 따라 대통령 또는 기획재정부장관이 임명한다. 〈개정 2009. 12. 29.〉

③ 준정부기관의 비상임이사(다른 법령이나 준정부기관의 정관에 따라 당연히 비상임이사로 선임되는 사람은 제외한다. 이하 이 항에서 같다)는 주무기관의 장이 임명하되, 기관규모가 대통령령으로 정하는 기준 이상이거나 업무내용의 특수성을 고려하여 대통령령으로 정하는 준정부기관의 비상임이사는 임원추천위원회가 복수로 추천한 사람 중에서 주무기관의 장이 임명한다. 다만, 다른 법령에서 해당 준정부기관의 비상임이사에 대하여 별도의 추천 절차를 정하고 있는

④ 이사회가 선임하는 위원의 정수는 임원추천위원회 위원 정수의 2분의 1 미만으로 한다. 다만, 임원추천위원회 구성 당시 비상임이사가 1명인 경우에는 이사회가 선임하는 위원의 정수를 2분의 1로 할 수 있다. 〈개정 2009. 12. 29.〉

⑤ 임원추천위원회의 위원장은 임원추천위원회 위원인 공기업·준정부기관의 비상임이사 중에서 임원추천위원회 위원의 호선으로 선출한다.

⑥ 임원추천위원회 구성 당시 비상임이사가 없는 공기업·준정부기관은 이사회가 선임한 외부위원으로 임원추천위원회를 구성하며, 위원장은 외부위원 중 호선으로 선출한다.

⑦ 임원추천위원회는 회의의 심의·의결 내용 등이 기록된 회의록을 작성·보존하고 이를 공개하여야 한다. 다만, 「공공기관의 정보공개에 관한 법률」 제9조제1항 각 호의 어느 하나에 해당하는 경우에는 공개하지 아니할 수 있다. 〈신설 2016. 12. 27.〉

⑧ 임원추천위원회의 구성, 운영 및 후보자 추천 기한 등에 관하여 필요한 사항은 대통령령으로 정한다. 〈개정 2016. 12. 27., 2020. 3. 31.〉

제30조(임원후보자 추천 기준 등) ① 임원추천위원회는 기업 경영과 그 공기업·준정부기관의 업무에 관한 학식과 경험이 풍부하고, 최고경영자의 능력을 갖춘 사람을 기관장 후보자로 추천하여야 한다.

② 임원추천위원회는 공기업·준정부기관의 이사나 감사로서 업무를 수행하기 위하여 필요한 학식과 경험이 풍부하고, 능력을 갖춘 사람을 공기업·준정부기관의 기관장이 아닌 이사나 감사 후보자로

추천하여야 한다. 다만, 감사(상임감사위원을 포함한다)의 경우 다음 각 호 중 어느 하나의 자격을 갖춘 사람을 추천하여야 한다. 〈개정 2020. 3. 31., 2020. 6. 9.〉

1. 공인회계사 또는 변호사의 자격을 가진 사람으로서 그 자격과 관련된 업무에 3년 이상 종사한 경력이 있는 사람

2. 「고등교육법」 제2조제1호부터 제5호까지의 규정에 따른 학교에서 감사·수사·법무, 예산·회계, 조사·기획·평가 등의 업무(이하 "감사 관련 업무"라 한다)와 직접 관련이 있는 분야에서 조교수 이상으로 3년 이상 재직한 경력이 있는 사람

3. 공공기관, 「자본시장과 금융투자업에 관한 법률」 제9조제15항제3호에 따른 주권상장법인 또는 연구기관에서 감사 관련 업무를 3년 이상 담당한 사람으로서 대통령령으로 정하는 경력이 있는 사람

4. 국가 또는 지방자치단체에서 감사 관련 업무를 3년 이상 담당한 사람으로서 대통령령으로 정하는 직급의 공무원으로 근무한 경력이 있는 사람

5. 그 밖에 해당 기관의 관장 사무에 따라 전문성을 갖춘 사람으로서 대통령령으로 정하는 자격을 가진 사람

③ 임원추천위원회는 제1항 및 제2항에 따라 임원후보자를 추천하는 경우 해당 기관별 전문성·특수성 등을 고려한 임원의 자격요건을 정하고 이에 따라 추천하여야 한다. 이 경우 임원의 자격요건의 작성 등에 필요한 구체적인 사항은 제50조에 따른 경영지침으로 정한다. 〈신설 2016. 12. 27.〉

④ 임원추천위원회는 임원후보자를 추천하고자 하는 경우 대통령

령으로 정하는 바에 따라 후보자를 공개모집할 수 있다. 〈개정 2016. 12. 27., 2020. 6. 9.〉

제31조(기관장과의 계약 등) ① 제25조제1항 및 제26조제1항의 규정에 따른 기관장의 임명과 관련하여 이사회는 기관장이 임기 중 달성하여야 할 구체적 경영목표와 성과급 등에 관한 사항이 포함된 계약안을 작성하여 임원추천위원회에 통보하여야 한다. 이 경우 기관장은 계약안을 정하는 이사회에 참여할 수 없다.

② 임원추천위원회는 제1항의 규정에 따라 통보받은 계약안에 대하여 기관장 후보자로 추천하고자 하는 사람과 계약 내용과 조건 등을 협의하고, 그 결과를 주무기관의 장에게 통보하여야 한다. 이 경우 임원추천위원회는 기관장 후보자와의 협의를 위하여 필요한 때에는 계약안의 내용이나 조건을 일부 변경할 수 있다. 〈개정 2020. 6. 9.〉

③ 주무기관의 장은 제2항의 규정에 따라 협의된 계약안에 따라 기관장으로 임명되는 사람과 계약을 체결하되, 공기업의 장과 계약을 체결하는 경우 미리 기획재정부장관과 협의하여야 한다. 이 경우 주무기관의 장은 기관장으로 임명되는 사람과 협의를 거쳐 계약의 내용이나 조건을 제1항 및 제2항의 규정에 따른 계약안과 달리 정할 수 있다. 〈개정 2008. 2. 29.〉

④ 기관장과 주무기관의 장은 제3항의 규정에 따라 계약을 체결한 후 불가피한 사정이 발생할 때에는 서로 협의하여 계약의 내용이나 조건을 변경할 수 있다. 다만, 주무기관의 장은 공기업의 장과 계약의 내용이나 조건을 변경하는 경우 미리 기획재정부장관과 협의

하여야 한다. 〈개정 2008. 2. 29.〉

⑤ 주무기관의 장은 제6조의 규정에 따라 지정(변경지정은 제외한다)된 공기업·준정부기관의 지정 당시 기관장과 지정 후 3개월 이내에 제3항의 규정에 따른 계약을 체결하여야 한다. 다만, 잔여 임기가 6개월 미만인 경우에는 제3항의 규정에 따른 계약을 체결하지 아니한다. 〈개정 2020. 6. 9.〉

⑥ 기획재정부장관 또는 주무기관의 장은 제3항과 제4항에 따른 계약의 이행에 관한 보고서를 기초로 하여 공기업·준정부기관의 장의 실적을 재임 중 1회 이상 평가할 수 있다. 〈신설 2016. 3. 22.〉

⑦ 기관장은 해당 기관의 상임이사(상임감사위원은 제외한다. 이하 이 항에서 같다)와 성과계약을 체결하고, 그 이행실적을 평가할 수 있으며, 이행실적을 평가한 결과 그 실적이 저조한 경우 상임이사를 해임할 수 있다. 〈개정 2009. 12. 29., 2016. 3. 22.〉

제32조(임원의 직무 등) ① 기관장은 그 공기업·준정부기관을 대표하고 업무를 총괄하며, 임기 중 그 공기업·준정부기관의 경영성과에 대하여 책임을 진다.

② 기관장은 그 공기업·준정부기관의 이익과 자신의 이익이 상반되는 사항에 대하여는 공기업·준정부기관을 대표하지 못한다. 이 경우 감사 또는 감사위원회가 공기업·준정부기관을 대표한다. 〈개정 2009. 12. 29.〉

③ 기관장이 부득이한 사유로 그 직무를 수행할 수 없을 때(「형사소송법」 제70조 또는 제201조에 따라 기관장이 구속된 때를 포함한다)에는 정관에서 정하는 바에 따라 상임이사 중 1인이 그 직무를

대행하고, 상임이사가 없거나 그 직무를 대행할 수 없을 때에는 정관에서 정하는 임원이 그 직무를 대행한다. 〈개정 2018. 12. 31., 2020. 6. 9.〉

④ 이사는 이사회에 부쳐진 안건을 심의하고, 의결에 참여한다.

⑤ 감사는 기획재정부장관이 정하는 감사기준에 따라 공기업·준정부기관의 업무와 회계를 감사하고, 그 의견을 이사회에 제출한다. 이 경우 감사원은 기획재정부장관에게 감사기준에 관하여 의견을 제시할 수 있다. 〈개정 2008. 2. 29.〉

⑥ 기관장은 감사 또는 감사위원회의 임무수행에 필요한 직원의 채용과 배치 등에 관하여 필요한 지원을 하여야 한다. 〈개정 2009. 12. 29.〉

제33조(임원의 보수기준) ① 공기업·준정부기관의 임원의 보수기준은 다음 각 호의 사항을 고려하여 기획재정부장관이 운영위원회의 심의·의결을 거쳐 정하는 보수지침에 따라 이사회에서 정한다. 〈개정 2008. 12. 31., 2009. 12. 29., 2016. 3. 22.〉

1. 기관장 : 공기업·준정부기관의 경영성과와 제31조제3항 및 제4항의 규정에 따른 계약의 내용과 이행 수준

2. 상임이사(상임감사위원은 제외한다): 제31조제7항에 따른 성과계약 이행실적 평가 결과

3. 상임감사 및 상임감사위원: 제36조에 따른 직무수행실적 평가결과

② 제1항의 규정에 따른 임원의 보수기준을 정하는 이사회에는 이해관계가 있는 임원은 참여할 수 없다.

③ 제1항에도 불구하고 제6조의 규정에 따라 공기업·준정부기관으로 지정(변경지정은 제외한다)된 해의 임원의 보수는 지정 당시 법령 등에 따른다. 〈개정 2020. 6. 9.〉

제34조(결격사유) ① 다음 각 호의 어느 하나에 해당하는 사람은 공기업·준정부기관의 임원이 될 수 없다. 〈개정 2008. 12. 31., 2009. 3. 25., 2018. 3. 27.〉

1. 「국가공무원법」 제33조(결격사유) 각 호의 어느 하나에 해당하는 사람

2. 제22조제1항, 제31조제7항, 제35조제2항·제3항, 제36조제2항, 제48조제4항·제8항 및 제52조의3제3항에 따라 해임된 날부터 3년이 지나지 아니한 사람

② 임원이 다음 각 호의 어느 하나에 해당하는 경우에는 당연히 퇴직한다. 〈개정 2020. 3. 31.〉

1. 「국가공무원법」 제69조제1호에 해당하게 되는 경우

2. 임명 당시 제1항 각 호의 어느 하나에 해당하는 사람이었음이 밝혀진 경우

③ 제2항의 규정에 따라 퇴직한 임원이 퇴직 전에 관여한 행위는 그 효력을 잃지 아니한다.

제35조(이사와 감사의 책임 등) ① 「상법」 제382조의3(이사의 충실의무), 제382조의4(이사의 비밀유지의무), 제399조(회사에 대한 책임), 제400조(회사에 대한 책임의 면제) 및 제401조(제3자에 대한 책임)의 규정은 공기업·준정부기관의 이사에 관하여 각각 이를 준용하고, 「상법」 제414조(감사의 책임) 및 제415조(준용규정)의 규정

중 회사에 대한 책임의 면제에 관한 사항은 공기업·준정부기관의 감사(감사위원회의 감사위원을 포함한다. 이하 이 조에서 같다)에 관하여 이를 준용한다.

② 기획재정부장관은 비상임이사(준정부기관의 비상임이사는 제외한다. 이하 이 항에서 같다) 및 감사(상임감사위원을 포함한다. 이하 이 항에서 같다)가 제1항에 따른 의무와 책임 및 제32조에 따른 직무를 이행하지 아니하거나 게을리한 경우 운영위원회의 심의·의결을 거쳐 비상임이사 및 감사를 해임하거나 그 임명권자에게 해임을 건의할 수 있고, 그 공기업·준정부기관으로 하여금 손해배상을 청구하도록 요구할 수 있다. 〈개정 2008. 2. 29., 2009. 12. 29.〉

③ 주무기관의 장은 기관장, 상임이사(상임감사위원은 제외한다. 이하 이 항에서 같다) 및 준정부기관의 비상임이사가 제1항에 따른 의무와 책임 및 제32조에 따른 직무를 이행하지 아니하거나 이를 게을리한 경우 기관장, 상임이사 및 준정부기관의 비상임이사를 해임하거나 그 임명권자에게 해임을 건의·요구할 수 있고, 그 공기업·준정부기관으로 하여금 손해배상을 청구하도록 요구할 수 있다. 다만, 공기업의 기관장을 해임하거나 그 임명권자에게 해임을 건의하는 경우에는 운영위원회의 심의·의결을 거쳐야 한다. 〈개정 2009. 12. 29.〉

제36조(비상임이사와 감사에 대한 직무수행실적 평가) ① 기획재정부장관은 필요하다고 인정하는 경우에는 공기업·준정부기관의 비상임이사와 감사나 감사위원회 감사위원의 직무수행실적을 평가할 수 있다. 〈개정 2008. 2. 29.〉

② 기획재정부장관은 제1항의 규정에 따른 직무수행실적 평가 결과 그 실적이 저조한 비상임이사와 감사 또는 감사위원회 감사위원에 대하여 운영위원회의 심의·의결을 거쳐 해임하거나 그 임명권자에게 해임을 건의할 수 있다. 〈개정 2008. 2. 29.〉

③ 제1항의 규정에 따른 직무수행실적의 평가 기준과 방법은 운영위원회의 심의·의결을 거쳐 기획재정부장관이 정한다. 〈개정 2008. 2. 29.〉

第37조(임직원의 겸직제한) ① 공기업·준정부기관의 상임임원과 직원은 그 직무 외의 영리를 목적으로 하는 업무에 종사하지 못한다.

② 공기업·준정부기관의 상임임원이 그 임명권자나 제청권자의 허가를 받은 경우와 공기업·준정부기관의 직원이 기관장의 허가를 받은 경우 비영리 목적의 업무를 겸할 수 있다.

③ 제1항의 규정에 따른 영리를 목적으로 하는 업무의 범위는 대통령령으로 정한다.

제4절 예산회계

第38조(회계연도) 공기업·준정부기관의 회계연도는 정부의 회계연도에 따른다.

第39조(회계원칙 등) ① 공기업·준정부기관의 회계는 경영성과와 재산의 증감 및 변동 상태를 명백히 표시하기 위하여 그 발생 사실에 따라 처리한다.

② 공기업·준정부기관은 공정한 경쟁이나 계약의 적정한 이행을 해칠 것이 명백하다고 판단되는 사람·법인 또는 단체 등에 대하여

2년의 범위 내에서 일정기간 입찰참가자격을 제한할 수 있다.

③ 제1항과 제2항의 규정에 따른 회계처리의 원칙과 입찰참가자격의 제한기준 등에 관하여 필요한 사항은 기획재정부령으로 정한다. 〈개정 2008. 2. 29.〉

제39조의2(중장기재무관리계획의 수립 등) ① 다음 각 호의 어느 하나에 해당하는 기관의 장은 매년 해당 연도를 포함한 5회계연도 이상의 중장기재무관리계획(이하 "중장기재무관리계획"이라 한다)을 수립하고, 이사회의 의결을 거쳐 확정한 후 6월 30일까지 기획재정부장관과 주무기관의 장에게 제출하여야 한다. 〈개정 2014. 1. 21.〉

1. 자산규모 2조원 이상이거나 설립 근거 법률에 정부의 손실보전 조항이 있는 공기업·준정부기관

2. 그 밖에 자산·부채규모 등을 고려하여 대통령령으로 정하는 기준에 해당하는 공기업·준정부기관

② 중장기재무관리계획에는 다음 각 호의 사항이 포함되어야 한다.

1. 제46조에 따른 경영목표

2. 사업계획 및 투자방향

3. 재무 전망과 근거 및 관리계획

4. 부채의 증감에 대한 전망과 근거 및 관리계획 등이 포함된 부채관리계획

5. 전년도 중장기재무관리계획 대비 변동사항, 변동요인 및 관리계획 등에 대한 평가·분석

6. 그 밖에 대통령령으로 정하는 사항

③ 중장기재무관리계획을 수립하는 기관(이하 이 항에서 "대상기관"이라 한다)의 경영환경·경제여건 및 국가정책방향 등을 고려하여 기획재정부장관은 공기업인 대상기관의 장에게, 주무기관의 장은 준정부기관인 대상기관의 장에게 각각 중장기재무관리계획의 변경을 요구할 수 있다. 〈신설 2014. 1. 21.〉

④ 중장기재무관리계획의 구체적인 작성방법 등에 관한 사항은 대통령령으로 정한다. 〈개정 2014. 1. 21.〉

[본조신설 2010. 5. 17.]

제40조(예산의 편성) ① 공기업·준정부기관의 예산은 예산총칙·추정손익계산서·추정대차대조표와 자금계획서로 구분하여 편성한다.

② 기관장은 제46조의 규정에 따른 경영목표와 제50조의 규정에 따른 경영지침에 따라 다음 회계연도의 예산안을 편성하고, 다음 회계연도 개시 전까지 그 공기업·준정부기관의 이사회에 제출하여야 한다.

③ 기관장은 신규 투자사업 및 자본출자에 대한 예산을 편성하기 위하여 대통령령으로 정하는 바에 따라 미리 예비타당성조사를 실시하여야 한다. 다만, 다음 각 호의 어느 하나에 해당하는 경우에는 예비타당성조사 대상에서 제외한다. 〈신설 2016. 3. 22.〉

1. 정부예산이 지원되는 사업 중 「국가재정법」 제38조에 따라 예비타당성조사를 실시하는 사업

2. 남북교류협력에 관계되거나 국가 간 협약·조약에 따라 추진하는 사업

3. 도로 유지보수, 노후 상수도 개량 등 기존 시설의 효용 증진을

위한 단순개량 및 유지보수 사업

4. 「재난 및 안전관리 기본법」 제3조제1호에 따른 재난(이하 "재난"이라 한다)복구 지원, 시설 안정성 확보, 보건·식품 안전 문제 등으로 시급한 추진이 필요한 사업

5. 재난예방을 위하여 시급한 추진이 필요한 사업으로서 국회 소관 상임위원회의 동의를 받은 사업

6. 법령에 따라 추진하여야 하는 사업

7. 지역균형발전, 긴급한 경제적·사회적 상황 대응 등을 위하여 국가 정책적으로 추진이 필요한 사업으로서 다음 각 목의 요건을 모두 갖춘 사업. 이 경우, 예비타당성조사 면제 사업의 내역 및 사유를 지체 없이 국회 소관 상임위원회에 보고하여야 한다.

가. 사업 목적 및 규모, 추진방안 등 구체적인 사업계획이 수립된 사업

나. 국가 정책적으로 추진이 필요하여 국무회의를 거쳐 확정된 사업

④ 제2항의 규정에 따라 편성·제출한 예산안은 이사회의 의결로 확정된다. 다만, 다른 법률에서 공기업·준정부기관의 예산에 관하여 주주총회나 출자자총회 등 사원총회의 의결이나 제23조의 규정에 따른 기금운용심의회의 의결 등 별도의 절차를 거치도록 한 경우에는 이사회 의결후 이를 거쳐 확정하고, 준정부기관의 예산에 관하여 주무기관의 장의 승인을 거쳐 확정하도록 한 경우에는 이사회 의결을 거친 후 주무기관의 장의 승인을 얻어야 한다. 〈개정 2016. 3. 22.〉

⑤ 제6조의 규정에 따라 공기업·준정부기관으로 지정될 당시 이미 확정되어 있는 예산은 제1항부터 제4항까지의 규정에 따라 편성되어 확정된 것으로 본다. 〈개정 2016. 3. 22.〉

⑥ 기관장은 공기업·준정부기관의 예산이 확정된 후 그 공기업·준정부기관의 경영목표가 변경되거나 그 밖의 불가피한 사유로 인하여 예산을 변경하고자 하는 경우에는 변경된 예산안을 작성하여 이사회에 제출하여야 한다. 이 경우 제4항은 변경된 예산안의 확정에 관하여 이를 준용한다. 〈개정 2016. 3. 22.〉

⑦ 공기업·준정부기관은 제4항부터 제6항까지의 규정에 따라 예산이 확정되거나 변경된 경우 지체 없이 기획재정부장관, 주무기관의 장 및 감사원장에게 그 내용을 보고하여야 한다. 다만, 제4항 단서에 따라 주무기관의 장의 승인을 얻은 경우에는 주무기관의 장에게 보고된 것으로 본다. 〈개정 2008. 2. 29., 2016. 3. 22.〉

⑧ 공기업·준정부기관은 제4항부터 제6항까지의 규정에 따라 예산이 확정되거나 변경된 경우 지체 없이 국회 소관 상임위원회에 그 내용(해당 연도 수입·지출 계획서를 포함한다)을 제출하여야 한다. 〈신설 2018. 12. 31.〉

제40조의2(예비타당성조사 결과 관련 자료의 공개) 기관장은 예비타당성조사의 결과에 관한 자료를 「공공기관의 정보공개에 관한 법률」 제7조에 따라 공개하여야 한다.

[본조신설 2018. 3. 27.]

제40조의3(타당성재조사 및 조사 결과의 공개) ① 기관장은 총사업비가 일정 규모 이상 증가하는 등 대통령령으로 정하는 요건에 해

당하는 사업에 대해서는 사업의 타당성을 재조사(이하 "타당성재조사"라 한다)하여야 한다.

② 기관장은 타당성재조사 결과에 관한 자료를 「공공기관의 정보공개에 관한 법률」 제7조에 따라 공개하여야 한다.

[본조신설 2020. 3. 31.]

제41조(준예산) ① 공기업·준정부기관은 천재지변 그 밖의 부득이한 사유로 회계연도 개시 전까지 그 공기업·준정부기관의 예산이 확정되지 아니한 경우에는 전 회계연도의 예산에 준하여 예산(이하 이 조에서 "준예산"이라 한다)을 편성하여 운용할 수 있다.

② 준예산은 그 회계연도의 예산이 확정된 경우에는 그 효력을 잃는다. 이 경우 준예산에 따라 집행된 예산은 이를 그 회계연도의 예산에 따라 집행된 것으로 본다.

제42조(운영계획의 수립) ① 공기업·준정부기관은 제40조제4항 및 제5항에 따라 예산이 확정되는 경우 지체 없이 이사회의 의결을 거쳐 그 회계연도의 예산에 따른 운영계획을 수립하여야 한다. 다만, 제6조의 규정에 따라 공기업·준정부기관으로 지정될 당시 수립되어 있는 운영계획은 이 법에 따라 수립된 것으로 본다. 〈개정 2016. 3. 22.〉

② 공기업·준정부기관이 제40조제6항에 따라 확정된 예산을 변경한 경우에는 지체 없이 이사회의 의결을 거쳐 제1항의 규정에 따라 수립된 운영계획을 변경하여야 한다. 〈개정 2016. 3. 22.〉

③ 공기업·준정부기관은 제1항 및 제2항의 규정에 따라 수립한 그 회계연도의 운영계획을 기획재정부장관(공기업의 경우에 한정한

다)과 주무기관의 장에게 제40조제4항부터 제6항까지의 규정에 따라 예산이 확정된 후 2개월 이내에 제출하여야 한다. 〈개정 2008. 2. 29., 2016. 3. 22., 2020. 6. 9.〉

제43조(결산서의 제출) ① 공기업·준정부기관은 회계연도가 종료된 때에는 지체 없이 그 회계연도의 결산서를 작성하고, 감사원규칙으로 정하는 바에 따라 다음 각 호의 어느 하나에 해당하는 자 중에서 선임한 회계감사인(이하 "회계감사인"이라 한다)의 회계감사를 받아야 한다. 이 경우 공기업·준정부기관은 매 회계연도 종료 후 감사원규칙으로 정하는 기간 내에 회계감사인에게 결산서를 제출하여야 한다. 〈개정 2009. 3. 25., 2017. 10. 31., 2020. 6. 9.〉

1. 「공인회계사법」 제23조에 따른 회계법인(이하 "회계법인"이라 한다)

2. 「주식회사 등의 외부감사에 관한 법률」 제2조제7호나목에 따른 감사반(이하 "감사반"이라 한다)

② 공기업은 기획재정부장관에게, 준정부기관은 주무기관의 장에게 다음 연도 2월 말일까지 제1항에 따라 작성된 다음 각 호의 결산서를 각각 제출하고, 3월 31일까지 승인을 받아 결산을 확정하여야 한다. 다만, 주주총회나 출자자총회 등 사원총회가 있는 공기업·준정부기관의 경우에는 사원총회에서 결산을 의결·확정한다. 〈개정 2008. 2. 29., 2009. 3. 25., 2009. 12. 29., 2020. 6. 9.〉

1. 재무제표(회계감사인의 감사의견서를 포함한다)와 그 부속서류

2. 그 밖에 결산의 내용을 명확하게 하기 위하여 필요한 서류

③ 기획재정부장관과 주무기관의 장은 매년 5월 10일까지 제2항

에 따라 확정된 공기업·준정부기관의 결산서와 그 밖에 필요한 서류(이하 이 조에서 "결산서등"이라 한다)를 감사원에 제출하여야 한다. 〈개정 2008. 2. 29., 2009. 12. 29.〉

④ 제3항에 따라 결산서등을 제출받은 감사원은 그 공기업·준정부기관 중 「감사원법」 제22조제1항제3호에 따른 법인과 그 밖에 감사원규칙으로 정하는 공기업·준정부기관의 결산서등을 검사하고, 그 결과를 7월 31일까지 기획재정부장관에게 제출하여야 한다. 〈개정 2008. 2. 29., 2009. 12. 29.〉

⑤ 제1항의 규정에 따라 회계감사를 실시할 수 있는 회계법인과 감사반의 선정 기준 및 회계감사의 절차, 제4항의 규정에 따른 감사원의 결산감사에 관하여 필요한 사항은 감사원규칙으로 정한다. 〈개정 2009. 3. 25.〉

⑥ 기획재정부장관은 제3항에 따른 결산서등에 제4항에 따른 감사원의 검사 결과를 첨부하여 국무회의에 보고하고, 8월 20일까지 국회에 제출하여야 한다. 〈개정 2008. 2. 29., 2009. 12. 29.〉

⑦ 제1항부터 제6항까지의 규정에도 불구하고 제6조의 규정에 따라 공기업·준정부기관으로 지정된 해에 실시하는 결산에 관하여는 지정 당시 법령에 따른다. 〈개정 2020. 6. 9.〉

제43조의2(공기업의 자본금 전입 협의 등) ① 공기업은 이익준비금, 사업확장적립금 및 그 밖의 준비금 또는 적립금을 자본금으로 전입하고자 하는 때에는 이사회·주주총회 등 관련 절차를 거치기 전에 기획재정부장관과 미리 협의하여야 한다.

② 공기업은 제1항에 따라 이익준비금, 사업확장적립금 및 그 밖

의 준비금 또는 적립금을 자본금으로 전입한 때에는 그 사실을 주무기관의 장에게 보고하여야 한다.

[본조신설 2011. 7. 25.]

[종전 제43조의2는 제43조의3으로 이동 〈2011. 7. 25.〉]

제43조의3(회계감사인의 선임 등) ① 공기업·준정부기관은 회계감사인을 선임하기 위하여 전문성과 독립성이 확보된 회계감사인선임위원회(제20조에 따른 감사위원회를 설치한 때에는 이를 회계감사인선임위원회로 본다)를 구성·운영하여야 한다. 이 경우 해당 공기업·준정부기관의 비상임이사는 모두 회계감사인선임위원회의 위원으로 선임되어야 한다.

② 제1항에 따른 회계감사인선임위원회의 구성·운영에 관한 사항은 대통령령으로 정한다.

③ 「주식회사 등의 외부감사에 관한 법률」 제9조제3항부터 제6항까지, 제10조제5항 및 제21조제1항은 회계감사인의 결격사유·자격·선임·권한 등에 관하여 각각 이를 준용한다. 이 경우 "감사인"은 각각 "회계감사인"으로, "회사"는 각각 "공기업·준정부기관"으로, "감사인선임위원회"는 각각 "회계감사인선임위원회"로 본다. 〈개정 2017. 10. 31.〉

④ 회계감사인과 그에 소속된 공인회계사·직원 등은 공기업·준정부기관의 회계감사와 관련하여 그 직무상 알게 된 비밀을 누설하여서는 아니 된다. 다만, 다른 법률 또는 제43조제5항에 따른 감사원규칙에 특별한 규정이 있는 경우에는 그러하지 아니하다.

[본조신설 2009. 3. 25.]

[제43조의2에서 이동 , 종전 제43조의3은 제43조의4로 이동 〈2011. 7. 25.〉]

제43조의4(손해배상책임) 「주식회사 등의 외부감사에 관한 법률」 제31조제1항부터 제5항까지 및 제7항은 회계감사인, 이사, 감사 또는 감사위원회 위원 등의 공기업·준정부기관 또는 제3자에 대한 손해배상책임에 관하여 준용한다. 이 경우 "감사인"은 각각 "회계감사인"으로, "회사"는 각각 "공기업·준정부기관"으로, "제10조"는 각각 "제43조"로 본다. 〈개정 2017. 10. 31.〉

[본조신설 2009. 3. 25.]

[제43조의3에서 이동 〈2011. 7. 25.〉]

제44조(물품구매와 공사계약의 위탁) ① 공기업·준정부기관이 「중소기업제품 구매촉진 및 판로지원에 관한 법률」 제6조에 따른 중소기업자간 경쟁 제품을 「국가를 당사자로 하는 계약에 관한 법률」 제4조제1항에 따라 기획재정부장관이 고시한 금액 이상 구매하는 경우에는 조달청장에게 구매를 위탁하거나, 「조달사업에 관한 법률」 제14조에 따른 계약방법에 따라 이를 구매하여야 한다. 다만, 구매하고자 하는 제품의 특수성·전문성 또는 안전성 등을 고려하여 기획재정부령으로 정하는 경우에는 그러하지 아니하다. 〈신설 2009. 12. 29., 2020. 3. 31.〉

② 공기업·준정부기관은 필요하다고 인정하는 때에는 수요물자 구매나 시설공사계약의 체결을 조달청장에게 위탁할 수 있다. 〈개정 2009. 12. 29.〉

제45조(출자의 방법) 정부가 공기업·준정부기관의 자본금을 출자하

는 경우에는 기획재정부장관이 그 납입시기와 방법을 정하여 이를 시행한다. 〈개정 2008. 2. 29.〉

제5절 경영평가와 감독

제46조(경영목표의 수립) ① 기관장은 사업내용과 경영환경, 제31조 제3항 및 제4항의 규정에 따라 체결한 계약의 내용 등을 고려하여 다음 연도를 포함한 5회계연도 이상의 중장기 경영목표를 설정하고, 이사회의 의결을 거쳐 확정한 후 매년 10월 31일까지 기획재정부장관과 주무기관의 장에게 제출하여야 한다. 〈개정 2008. 2. 29., 2010. 5. 17.〉

② 기관장은 제1항에도 불구하고 제6조의 규정에 따라 공기업·준정부기관으로 지정(변경지정은 제외한다)된 해에는 지정 후 3개월 이내에 해당 연도를 포함한 3회계연도 이상의 중장기 경영목표를 설정하고, 이사회의 의결을 거쳐 확정한 후 이를 기획재정부장관과 주무기관의 장에게 제출하여야 한다. 〈개정 2008. 2. 29., 2020. 3. 31., 2020. 6. 9.〉

③ 기관장이 제1항 및 제2항에 따라 수립된 경영목표를 변경하는 경우에는 그 변경 내용을 이사회 의결을 거쳐 확정한 후 지체 없이 기획재정부장관과 주무기관의 장에게 제출하여야 한다. 〈개정 2008. 2. 29., 2010. 5. 17.〉

④ 공기업·준정부기관의 경영환경·경제여건 및 국가정책방향 등을 고려하여 기획재정부장관은 공기업의 장에게, 주무기관의 장은 준정부기관의 장에게 각각 경영목표의 변경을 요구할 수 있다. 〈개

정 2008. 2. 29.〉

제47조(경영실적 등의 보고) ① 공기업·준정부기관은 매년 3월 20일까지 전년도의 경영실적을 기재한 보고서(이하 "경영실적보고서"라 한다)와 제31조제3항 및 제4항의 규정에 따라 기관장이 체결한 계약의 이행에 관한 보고서를 작성하여 기획재정부장관과 주무기관의 장에게 제출하여야 한다. 〈개정 2008. 2. 29.〉

② 제1항의 규정은 제6조의 규정에 따라 공기업·준정부기관으로 지정(변경지정은 제외한다)된 해에는 적용하지 아니한다. 〈개정 2020. 6. 9.〉

③ 경영실적보고서에는 제43조제1항에 따라 작성한 결산서를 첨부하여야 한다. 〈개정 2009. 12. 29.〉

제48조(경영실적 평가) ① 기획재정부장관은 제24조의2제3항에 따른 연차별 보고서, 제31조제3항 및 제4항의 규정에 따른 계약의 이행에 관한 보고서, 제46조의 규정에 따른 경영목표와 경영실적보고서를 기초로 하여 공기업·준정부기관의 경영실적을 평가한다. 다만, 제6조의 규정에 따라 공기업·준정부기관으로 지정(변경지정은 제외한다)된 해에는 경영실적을 평가하지 아니한다. 〈개정 2008. 2. 29., 2018. 12. 31., 2020. 6. 9.〉

② 기획재정부장관은 제1항 본문의 규정에 따라 공기업·준정부기관의 경영실적을 평가하는 경우 「국가재정법」 제82조(기금운용의 평가)의 규정에 따라 기금운용평가를 받는 기관과 「과학기술기본법」 제32조(정부출연연구기관등의 육성)제3항에 따라 평가를 받는 기관에 대하여는 그 평가 결과를 활용한다. 〈개정 2008. 2. 29., 2014. 5. 28.〉

③ 기획재정부장관은 제1항에 따른 경영실적의 평가를 위하여 필요한 경우 공기업·준정부기관에 관련 자료의 제출을 요청할 수 있다. 〈개정 2008. 2. 29., 2008. 12. 31.〉

④ 공기업·준정부기관이 제24조의2제3항에 따른 연차별 보고서, 제31조제3항 및 제4항에 따른 계약의 이행에 관한 보고서, 경영실적보고서 및 그 첨부서류를 제출하지 아니하거나 거짓으로 작성·제출한 경우 또는 불공정한 인사운영 등으로 윤리경영을 저해한 경우로서 대통령령으로 정하는 경우에는 기획재정부장관은 운영위원회의 심의·의결을 거쳐 경영실적 평가 결과와 성과급을 수정하고, 해당 기관에 대하여 주의·경고 등의 조치를 취하거나 주무기관의 장 또는 기관장에게 관련자에 대한 인사상의 조치 등을 취하도록 요청하여야 한다. 이 경우 기획재정부장관 또는 주무기관의 장은 감사, 감사위원회 감사위원 또는 기관장이 관련 직무를 이행하지 아니하거나 게을리 하였다면 운영위원회의 심의·의결을 거쳐 해당 감사, 감사위원회 감사위원 또는 기관장을 해임하거나 그 임명권자에게 해임을 건의할 수 있다. 〈신설 2008. 12. 31., 2018. 3. 27., 2018. 12. 31.〉

⑤ 제1항에 따른 경영실적의 평가 기준과 방법은 운영위원회의 심의·의결을 거쳐 기획재정부장관이 정하되, 공기업·준정부기관에 대하여 다음 각 호의 사항이 평가에 반영될 수 있도록 정하여야 한다. 〈개정 2016. 3. 22.〉

1. 경영목표의 합리성 및 달성 정도
2. 주요사업의 공익성 및 효율성

3. 직원의 고용 형태 등 조직·인력 운영의 적정성

4. 제39조의2에 따른 중장기재무관리계획의 이행 등 재무운용의 건전성 및 예산 절감노력

5. 제13조제2항에 따른 고객만족도 조사 결과

6. 합리적인 성과급 지급제도 운영

7. 그 밖에 공기업·준정부기관의 경영에 관련된 사항

⑥ 기획재정부장관은 제1항에 따른 경영실적 평가의 효율적인 수행과 경영실적 평가에 관한 전문적·기술적인 연구 또는 자문을 위하여 공기업·준정부기관경영평가단(이하 "경영평가단"이라 한다)을 구성·운영할 수 있다. 〈신설 2009. 3. 25.〉

⑦ 기획재정부장관은 운영위원회의 심의·의결을 거쳐 매년 6월 20일까지 공기업·준정부기관의 경영실적 평가를 마치고, 그 결과를 국회와 대통령에게 보고한다. 〈개정 2008. 2. 29., 2008. 12. 31., 2009. 3. 25.〉

⑧ 기획재정부장관은 제7항에 따른 경영실적 평가 결과 경영실적이 부진한 공기업·준정부기관에 대하여 운영위원회의 심의·의결을 거쳐 제25조 및 제26조의 규정에 따른 기관장·상임이사의 임명권자에게 그 해임을 건의하거나 요구할 수 있다. 〈개정 2008. 2. 29., 2008. 12. 31., 2009. 3. 25.〉

⑨ 기획재정부장관은 제1항에 따른 경영실적 평가 결과 인건비 과다편성 및 제50조제1항에 따른 경영지침 위반으로 경영부실을 초래한 공기업·준정부기관에 대하여는 운영위원회의 심의·의결을 거쳐 향후 경영책임성 확보 및 경영개선을 위하여 필요한 인사상 또

는 예산상의 조치 등을 취하도록 요청할 수 있다. 〈신설 2008. 12. 31., 2009. 3. 25.〉

⑩ 제1항에 따른 경영실적 평가의 절차, 경영실적 평가 결과에 따른 조치 및 경영평가단의 구성·운영 등에 관하여 필요한 사항은 대통령령으로 정한다. 〈개정 2008. 12. 31., 2009. 3. 25.〉

제49조(연차보고서의 작성) 기획재정부장관은 매년 경영실적보고서와 제48조의 규정에 따른 경영실적 평가 결과를 기초로 하여 공기업·준정부기관의 경영상황 등에 관한 연차보고서를 작성하고, 이를 공표할 수 있다. 〈개정 2008. 2. 29.〉

제50조(경영지침) ① 기획재정부장관은 공기업·준정부기관의 운영에 관한 일상적 사항과 관련하여 운영위원회의 심의·의결을 거쳐 다음 각 호의 사항에 관한 지침(이하 "경영지침"이라 한다)을 정하고, 이를 공기업·준정부기관 및 주무기관의 장에게 통보하여야 한다. 〈개정 2008. 2. 29.〉

1. 조직 운영과 정원·인사 관리에 관한 사항

2. 예산과 자금 운영에 관한 사항

3. 그 밖에 공기업·준정부기관의 재무건전성 확보를 위하여 기획재정부장관이 필요하다고 인정하는 사항

② 공기업·준정부기관의 투명하고 공정한 인사운영과 윤리경영 등을 위하여 필요한 경우 소관 정책을 관장하는 관계 행정기관의 장은 제1항의 규정에 따른 경영지침에 관한 의견을 기획재정부장관에게 제시할 수 있다. 〈개정 2008. 2. 29.〉

제51조(공기업·준정부기관에 대한 감독) ① 기획재정부장관과 주무

기관의 장은 공기업·준정부기관의 자율적 운영이 침해되지 아니하도록 이 법이나 다른 법령에서 그 내용과 범위를 구체적으로 명시한 경우에 한정하여 감독한다. 〈개정 2008. 2. 29., 2020. 6. 9.〉

② 기획재정부장관은 공기업의 경영지침 이행에 관한 사항을 감독한다. 〈개정 2008. 2. 29.〉

③ 주무기관의 장은 다음 각 호의 사항에 대하여 공기업·준정부기관을 감독한다.

1. 법령에 따라 주무기관의 장이 공기업·준정부기관에 위탁한 사업이나 소관 업무와 직접 관련되는 사업의 적정한 수행에 관한 사항과 그 밖에 관계 법령에서 정하는 사항

2. 준정부기관의 경영지침 이행에 관한 사항

④ 기획재정부장관과 주무기관의 장은 제2항 및 제3항의 규정에 따라 행하는 감독의 적정성을 대통령령으로 정하는 바에 따라 점검하고, 운영위원회의 심의·의결을 거쳐 개선에 필요한 조치를 취하여야 한다. 〈개정 2008. 2. 29., 2020. 6. 9.〉

제51조의2(출연·출자기관의 설립 등 협의) ① 공기업·준정부기관은 출연·출자기관을 설립하거나 다른 법인에 출연·출자하고자 하는 경우 주무기관의 장 및 기획재정부장관과 사전에 협의를 하여야 한다. 다만, 사전협의에 준하는 절차를 이미 수행하였거나 금융을 다루는 공공기관이 출자하는 경우로서 대통령령으로 구체적으로 정한 경우에는 사전협의 대상에서 제외한다.

② 제1항에 따른 사전협의 등에 관하여 필요한 사항은 대통령령으로 정한다.

[본조신설 2016. 3. 22.]

제52조(감사원 감사) ① 감사원은 「감사원법」에 따라 공기업·준정부기관의 업무와 회계에 관하여 감사를 실시할 수 있다.

② 감사원은 제1항의 규정에 따른 감사를 관계 행정기관의 장 등에게 위탁하거나 대행하게 할 수 있다.

③ 제2항의 규정에 따라 공기업·준정부기관에 대한 감사원 감사를 위탁하거나 대행하게 할 수 있는 관계 행정기관의 장 등의 범위와 감사 결과의 보고와 처리 등에 관하여 필요한 사항은 감사원규칙으로 정한다.

제52조의2(감사결과 등의 국회 제출) ① 공기업·준정부기관은 다음 각 호에 해당하는 사항을 국회 소관 상임위원회에 지체 없이 제출하여야 한다.

1. 감사나 감사위원회가 실시한 감사결과를 종합한 감사보고서

2. 제52조에 따라 감사원이 실시한 감사에서 지적된 사항과 처분요구사항 및 그에 대한 조치 계획

② 기획재정부장관은 제36조제1항에 따라 실시한 감사나 감사위원회 감사위원의 직무수행실적 평가 결과를 국회에 지체 없이 제출하여야 한다.

[본조신설 2008. 12. 31.]

제4장의2 비위행위자에 대한 조치 〈신설 2018. 3. 27.〉

제52조의3(비위행위자에 대한 수사 의뢰 등) ① 공공기관은 투명하고 공정한 인사운영 등 윤리경영을 강화하기 위하여 노력하여야 한다.

② 기획재정부장관 또는 주무기관의 장은 공공기관의 임원이 금품비위, 성범죄, 채용비위 등 대통령령으로 정하는 비위행위(이하 "비위행위"라 한다)를 한 사실이 있거나 혐의가 있는 경우로서 제1항에 따른 윤리경영을 저해한 것으로 판단되는 경우 해당 공공기관의 임원에 대하여 검찰, 경찰 등 수사기관과 감사원 등 감사기관(이하 "수사기관등"이라 한다)에 수사 또는 감사를 의뢰하여야 한다. 이 경우 기획재정부장관 또는 주무기관의 장은 해당 임원의 직무를 정지시키거나 그 임명권자에게 직무를 정지시킬 것을 건의·요구할 수 있다.

③ 기획재정부장관 또는 주무기관의 장은 제2항에 따른 수사기관등의 수사 또는 감사 결과에 따라 필요한 경우 해당 공공기관 임원을 해임하거나 그 임명권자에게 해임을 건의·요구할 수 있다. 다만, 운영위원회의 심의·의결을 거쳐 임명된 임원을 해임하거나 그 임명권자에게 해임을 건의하는 경우에는 운영위원회의 심의·의결을 거쳐야 한다.

[본조신설 2018. 3. 27.]

제52조의4(채용비위 행위자 명단 공개) ① 기획재정부장관 또는 주무기관의 장은 공공기관의 임원이 비위행위 중 채용비위와 관련하여 유죄판결이 확정된 경우로서 「특정범죄 가중처벌 등에 관한 법률」 제2조에 따라 가중처벌되는 경우 운영위원회의 심의·의결을 거쳐 그 인적사항 및 비위행위 사실 등을 공개할 수 있다.

② 제1항에 따른 명단 공개의 구체적인 내용 및 절차 등에 필요한 사항은 대통령령으로 정한다.

[본조신설 2018. 3. 27.]

제52조의5(채용비위 관련자 합격취소 등) ① 기획재정부장관 또는 주무기관의 장은 공공기관의 임원이 비위행위 중 채용비위와 관련하여 유죄판결이 확정된 경우 해당 채용비위로 인하여 채용시험에 합격하거나 승진 또는 임용된 사람에 대하여는 운영위원회의 심의·의결을 거쳐 해당 공공기관의 장에게 합격·승진·임용의 취소 또는 인사상의 불이익 조치(이하 "합격취소등"이라 한다)를 취할 것을 요청할 수 있다. 이 경우 운영위원회는 심의·의결을 하기 전에 그 내용과 사유를 당사자에게 통지하여 소명할 기회를 주어야 한다.

② 제1항에 따른 합격취소등의 기준·내용 및 소명 절차 등에 필요한 사항은 대통령령으로 정한다.

[본조신설 2018. 3. 27.]

제52조의6(인사감사 등) ① 기획재정부장관 또는 주무기관의 장은 비위행위 중 채용비위의 근절 등을 위하여 대통령령으로 정하는 바에 따라 공공기관의 인사운영의 적정성을 감사(이하 이 조에서 "인사감사"라 한다)할 수 있으며, 필요한 경우 관계 서류를 제출하도록 요구할 수 있다. 〈개정 2020. 6. 9.〉

② 기획재정부장관 또는 주무기관의 장은 인사감사 결과 위법 또는 부당한 사실이 발견되면 지체 없이 해당 공공기관의 장에게 그 시정(是正)과 관련자에 대한 인사상의 조치 등을 요구하여야 한다.

③ 공공기관의 장은 제2항에 따른 요구가 있을 경우 정당한 사유가 없으면 이를 즉시 이행하고 그 이행결과를 기획재정부장관 또는 주무기관의 장에게 통보하여야 한다.

[본조신설 2018. 3. 27.]

제5장 보칙

제53조(벌칙 적용에서의 공무원 의제) 공공기관의 임직원, 운영위원회의 위원과 임원추천위원회의 위원으로서 공무원이 아닌 사람은 「형법」 제129조(수뢰, 사전수뢰)부터 제132조(알선수뢰)까지의 규정을 적용할 때에는 공무원으로 본다. 〈개정 2016. 3. 22., 2020. 6. 9.〉

제53조의2(수사기관등의 수사 개시·종료 통보) 수사기관등은 공공기관의 임직원에 대하여 직무와 관련된 사건에 관한 조사나 수사를 시작한 때와 이를 마친 때에는 10일 이내에 공공기관의 장에게 해당 사실과 결과를 통보하여야 한다. 〈개정 2018. 3. 27.〉

[본조신설 2016. 3. 22.]

[제목개정 2018. 3. 27.]

제53조의3(의원면직의 제한) ① 공공기관 임원의 임명권자 또는 제청권자는 의원면직을 신청한 임원이 다음 각 호의 어느 하나에 해당하는 경우에는 의원면직을 허용하지 아니할 수 있다. 다만, 제1호, 제2호 및 제4호의 경우에는 그 비위의 정도가 「국가공무원법」 제79조에 따른 파면·해임·강등·정직에 준하는 징계에 해당한다고 판단되는 경우로 한정한다.

1. 비위와 관련하여 형사사건으로 기소 중인 경우

2. 검찰, 경찰 등 수사기관과 감사원 등 감사기관에서 비위와 관련하여 수사 또는 감사 중인 경우

3. 해당 기관의 징계위원회에 중징계의결이 요구 중인 경우

4. 해당 기관의 감사부서 등에서 비위와 관련하여 감사 또는 조사 중인 경우

② 공공기관 임원의 임명권자는 제1항에 따라 의원면직이 허용되지 아니한 임원에 대하여 직무를 정지할 수 있으며, 공공기관 임원의 제청권자는 해당 임원에 대하여 직무를 정지하거나 그 임명권자에게 직무를 정지할 것을 건의ㆍ요구할 수 있다.

[전문개정 2018. 12. 31.]

제54조(소수주주권의 행사 등) 주식이 대통령령으로 정하는 증권시장에 상장되지 아니한 공기업ㆍ준정부기관에 대한 소수주주권의 행사와 주주제안에 관하여는 「상법」 제542조의6을 준용한다. 〈개정 2013. 5. 28.〉

[전문개정 2009. 12. 29.]

제6장 벌칙 〈신설 2009. 3. 25.〉

제55조(벌칙) ① 회계감사인, 회계감사인에 소속된 공인회계사, 감사 또는 회계감사인선임위원회의 위원(감사위원회가 설치된 경우에는 감사위원회의 위원을 말한다)이 그 직무에 관하여 부정한 청탁을 받고 금품이나 이익을 받거나 요구 또는 약속한 경우에는 3년 이하의 징역 또는 3천만원 이하의 벌금에 처한다. 다만, 벌금형에 처하는 경우 그 직무와 관련하여 얻는 경제적 이익의 5배에 해당하는 금액이 3천만원을 초과하면 그 직무와 관련하여 얻는 경제적 이익의 5배에 상당하는 금액 이하의 벌금에 처한다.

② 제1항에서 규정하는 금품이나 이익을 약속·제공 또는 제공의 의사를 표시한 자도 제1항과 같다.

③ 제1항과 제2항에서 규정하는 금품이나 이익은 몰수한다. 그 전부 또는 일부를 몰수할 수 없으면 그 가액(價額)을 추징한다.

[본조신설 2009. 3. 25.]

제56조(벌칙) ①「상법」 제635조제1항에 규정된 자나 그 밖에 공기업·준정부기관의 회계업무를 담당하는 자가 제39조제1항에 따른 회계처리의 원칙을 위반하여 거짓으로 재무제표를 작성·공시한 경우 5년 이하의 징역 또는 5천만원 이하의 벌금에 처한다.

②「상법」제635조제1항에 규정된 자나 그 밖에 공기업·준정부기관의 회계업무를 담당하는 자, 회계감사인 또는 그에 소속된 공인회계사가 다음 각 호의 어느 하나에 해당하는 행위를 하면 3년 이하의 징역 또는 3천만원 이하의 벌금에 처한다. 〈개정 2011. 7. 25.〉

1. 정당한 사유 없이 회계감사인을 선임하지 아니한 경우

2. 감사의견서에 기재하여야 할 사항을 기재하지 아니하거나 거짓으로 기재를 한 경우

3. 제43조의3제4항을 위반하여 비밀을 누설한 경우

4. 결산서를 작성하지 아니한 경우

③「상법」제635조제1항에 규정된 자나 그 밖에 공기업·준정부기관의 회계업무를 담당하는 자가 다음 각 호의 어느 하나에 해당하는 행위를 하면 2년 이하의 징역 또는 2천만원 이하의 벌금에 처한다. 〈개정 2011. 7. 25.〉

1. 회계감사인 또는 그에 소속된 공인회계사에게 거짓 자료를 제

시하거나 거짓이나 그 밖의 부정한 방법으로 회계감사인의 정상적인 회계감사를 방해한 경우

2. 정당한 사유 없이 제43조의3제3항에 따른 회계감사인의 열람, 등사, 자료제출 등의 요구 또는 조사를 거부·방해·기피하거나 관련 자료를 제출하지 아니한 경우

3. 제43조제1항을 위반하여 회계감사인에게 결산서를 제출하지 아니한 경우

[본조신설 2009. 3. 25.]

부칙 〈제8258호, 2007. 1. 19.〉

제1조 (시행일) 이 법은 2007년 4월 1일부터 시행한다. 다만, 제9조의 규정에 따른 운영위원회의 구성과 이 법 시행 후 최초로 이 법의 적용을 받을 공기업·준정부기관과 기타공공기관의 지정에 필요한 행위는 이 법 시행 전에 할 수 있다.

제2조 (다른 법률의 폐지) 다음 각 호의 법률은 이를 각각 폐지한다.

1.「정부투자기관 관리기본법」

2.「정부산하기관 관리기본법」

제3조 (공공기관 등의 최초 지정 및 구분) ①기획예산처장관은 이 법 시행과 동시에 주무기관의 장과의 협의와 운영위원회의 심의·의결을 거쳐 이 법의 적용을 받는 공기업·준정부기관 및 기타공공기관을 지정하여 고시한다.

②기획예산처장관은 제1항의 규정에 따라 공기업·준정부기관을

최초로 지정하여 고시하는 경우에는 이 법 시행 당시 「정부투자기관 관리기본법」, 「정부산하기관 관리기본법」 및 「공기업의 경영구조개선 및 민영화에 관한 법률」의 적용 대상 기관 중 직원 정원이 50인 이상인 기관 중에서 지정하여 고시한다.

제4조 (경과조치) ①제9조제2항의 규정에 불구하고 운영위원회의 위원 중 제9조제1항제4호의 규정에 따라 최초로 위촉되는 위원의 임기는 3년·2년·1년으로 각각 달리 정할 수 있다.

②제31조제5항의 규정에 불구하고 이 법 시행 후 최초로 지정되는 공기업 또는 준정부기관의 기관장이 임명 당시 임명과 관련하여 체결한 경영 및 성과에 관한 계약은 이 법에 따라 주무기관의 장과 기관장이 체결한 계약으로 본다.

③제46조제2항의 규정에 불구하고 이 법 시행 후 최초로 지정되는 공기업 또는 준정부기관이 이 법 시행 당시 설정한 경영목표는 이 법에 따라 설정된 것으로 본다.

④제48조제1항 단서의 규정에 불구하고 이 법 시행 후 최초로 지정되는 공기업·준정부기관의 경영실적 보고 및 경영실적 평가는 「정부투자기관 관리기본법」 및 「정부산하기관 관리기본법」의 관련 규정을 적용하여 이를 실시한다.

⑤이 법 시행 당시 종전의 정부투자기관운영위원회 및 정부산하기관운영위원회가 의결한 사항은 이 법에 따른 운영위원회가 의결한 것으로 본다.

제5조 (다른 법령과의 관계) 이 법 시행 당시 다른 법령에서 정부투자기관 또는 정부산하기관을 인용하고 있는 경우에는 2009년 12월

31일까지는 각각 이 법 시행 당시 「정부투자기관 관리기본법」 또는 「정부산하기관 관리기본법」에 따라 정부투자기관 또는 정부산하기관으로 확정된 기관을 인용한 것으로 본다. 〈개정 2009. 1. 30.〉

부칙 〈제8635호, 2007. 8. 3.〉 (자본시장과 금융투자업에 관한 법률)

제1조 (시행일) 이 법은 공포 후 1년 6개월이 경과한 날부터 시행한다. 〈단서 생략〉

제2조 부터 제41조까지 생략

제42조 (다른 법률의 개정) ① 부터 〈66〉 생략

〈67〉 공공기관의 운영에 관한 법률 일부를 다음과 같이 개정한다.

제20조제4항 중 "「증권거래법」 제54조의6(감사위원회)"을 "「자본시장과 금융투자업에 관한 법률」 제26조(감사위원회의 설치)"로 한다

제43조 및 제44조 생략

부칙 〈제8696호, 2007. 12. 14.〉

이 법은 공포한 날부터 시행한다.

부칙 〈제8852호, 2008. 2. 29.〉 (정부조직법)

제1조(시행일) 이 법은 공포한 날부터 시행한다. 다만, ···〈생략〉···, 부칙 제6조에 따라 개정되는 법률 중 이 법의 시행 전에 공

포되었으나 시행일이 도래하지 아니한 법률을 개정한 부분은 각각 해당 법률의 시행일부터 시행한다.

제2조 부터 제5조까지 생략

제6조(다른 법률의 개정) ① 부터 〈694〉 까지 생략

〈695〉 공공기관의 운영에 관한 법률 일부를 다음과 같이 개정한다.

제4조제1항 각 호 외의 부분·제2항 각 호 외의 부분, 제5조제1항·제2항·제3항 각 호 외의 부분·제4항, 제6조제1항부터 제3항까지, 제7조제1항 각 호 외의 부분·제2항, 제8조 각 호 외의 부분, 제9조제1항제4호, 제11조제1항 각 호 외의 부분, 같은 항 제10호, 제12조제1항부터 제3항까지, 제13조제2항 후단, 제14조제1항부터 제3항까지, 제15조제2항, 제21조제2항 단서, 제25조제3항 전단·제4항, 제26조제4항, 제31조제3항 전단·제4항 단서, 제35조제2항, 제36조제1항부터 제3항까지, 제40조제6항 본문, 제42조제3항, 제46조제1항부터 제4항까지, 제47조제1항, 제48조제1항부터 제6항까지, 제49조, 제50조제1항 각 호 외의 부분·같은 항 제3호, 같은 조 제2항 및 제51조제1항·제2항·제4항 중 "기획예산처장관"을 각각 "기획재정부장관"으로 한다.

제9조제1항 각 호 외의 부분 중 "위원장 1인과 부위원장 1인 및"을 "위원장 1인 및"으로, "기획예산처장관이 위원장이 되고, 재정경제부장관이 지명하는 재정경제부차관이 부위원장이 된다"를 "기획재정부장관이 위원장이 된다"로 하고, 같은 항 제1호 중 "국무조정실"을 "국무총리실"로, "국무조정실장"을 "국무총리실장"으로 한다.

제10조제1항 중 “위원장과 부위원장”을 “위원장”으로 한다.

제32조제5항 전단 중 “기획예산처장관이 재정경제부장관과 협의하여”를 “기획재정부장관이”로 하고, 같은 항 후단 중 “기획예산처장관”을 “기획재정부장관”으로 한다.

제39조제3항 중 “재정경제부령”을 “기획재정부령”으로 한다.

제43조제2항 각 호 외의 부분 · 제3항 · 제4항 · 제6항 및 제45조 중 “재정경제부장관”을 각각 “기획재정부장관”으로 한다.

〈696〉 부터 〈760〉 까지 생략

제7조 생략

부칙 〈제9277호, 2008. 12. 31.〉

이 법은 공포 후 3개월이 경과한 날부터 시행한다.

부칙 〈제9345호, 2009. 1. 30.〉

이 법은 공포한 날부터 시행한다.

부칙 〈제9513호, 2009. 3. 25.〉

①(시행일) 이 법은 2010년 1월 1일부터 시행한다. 다만, 법률 제9277호 공공기관의 운영에 관한 법률 일부개정법률 제25조 · 제34조 및 제48조의 개정규정(이 법에 따라 개정된 부분에 한한다)은 공포 후 3개월이 경과한 날부터 시행한다.

②(회계감사, 회계감사인의 선임 및 회계감사인 등의 손해배상책임 등에 관한 적용례) 제43조 · 제43조의2 및 제43조의3의 개정규

정은 2010회계연도 결산분부터 적용한다.

③(경영평가단 구성·운영에 관한 적용례) 법률 제9277호 공공기관의 운영에 관한 법률 일부개정법률 제48조의 개정규정(이 법에 따라 개정된 부분에 한한다)은 이 법 시행 후 최초로 실시하는 경영실적 평가 분부터 적용한다.

부칙 〈제9829호, 2009. 12. 29.〉

①(시행일) 이 법은 공포한 날부터 시행한다. 다만, 제24조·제26조제3항 및 제44조의 개정규정은 공포 후 3개월이 경과한 날부터 시행한다.

②(결산서의 제출에 관한 적용례) 제43조의 개정규정은 2010회계연도의 결산부터 적용한다.

③(임원의 임면에 관한 경과조치) 이 법 시행 당시 공기업 및 준정부기관 임원의 임면절차가 진행되고 있는 경우에는 제25조 및 제26조의 개정규정에도 불구하고 종전의 규정에 따른다.

부칙 〈제10286호, 2010. 5. 17.〉

①(시행일) 이 법은 공포한 날부터 시행한다.

②(중장기재무관리계획의 수립 등에 관한 적용례) 제39조의2 및 제46조의 개정규정은 2012년에 수립하는 중장기재무관리계획 및 중장기 경영목표부터 각각 적용한다.

부칙 〈제10896호, 2011. 7. 25.〉

이 법은 공포한 날부터 시행한다.

부칙 〈제11690호, 2013. 3. 23.〉 (정부조직법)

제1조(시행일) ① 이 법은 공포한 날부터 시행한다.

② 생략

제2조 부터 제5조까지 생략

제6조(다른 법률의 개정) ① 생략

② 공공기관의 운영에 관한 법률 일부를 다음과 같이 개정한다.

제9조제1항제1호 중 “국무총리실”을 “국무조정실”로, “국무총리실장”을 “국무조정실장”으로 한다.

③부터 〈710〉까지 생략

제7조 생략

부칙 〈제11845호, 2013. 5. 28.〉 (자본시장과 금융투자업에 관한 법률)

제1조(시행일) 이 법은 공포 후 3개월이 경과한 날부터 시행한다. 〈단서 생략〉

제2조 부터 제15조까지 생략

제16조(다른 법률의 개정) ① 공공기관의 운영에 관한 법률 일부를 다음과 같이 개정한다.

제54조 중 “유가증권시장”을 “대통령령으로 정하는 증권시장”으로 한다.

②부터 ㉓까지 생략

제17조 생략

부칙 〈제12268호, 2014. 1. 21.〉

이 법은 공포한 날부터 시행한다.

부칙 〈제12673호, 2014. 5. 28.〉 (과학기술기본법)

제1조(시행일) 이 법은 공포한 날부터 시행한다. 〈단서 생략〉

제2조 및 제3조 생략

제4조(다른 법률의 개정) ① 공공기관의 운영에 관한 법률 일부를 다음과 같이 개정한다.

제48조제2항 중 "「과학기술기본법」 제32조(정부출연연구기관등의 육성)제2항의 규정에"를 "「과학기술기본법」 제32조(정부출연연구기관등의 육성)제3항에"로 한다.

②부터 ⑤까지 생략

부칙 〈제14076호, 2016. 3. 22.〉

이 법은 공포 후 6개월이 경과한 날부터 시행한다.

부칙 〈제14461호, 2016. 12. 27.〉

이 법은 공포 후 6개월이 경과한 날부터 시행한다.

부칙 〈제15022호, 2017. 10. 31.〉 (주식회사 등의 외부감사에 관한 법률)

제1조(시행일) 이 법은 공포 후 1년이 경과한 날부터 시행한다.

제2조 부터 제13조까지 생략

제14조(다른 법률의 개정) ① 생략

② 공공기관의 운영에 관한 법률 일부를 다음과 같이 개정한다.

제43조제1항제2호 중 “「주식회사의 외부감사에 관한 법률」 제3조제1항제3호”를 “「주식회사 등의 외부감사에 관한 법률」 제2조제7호나목”으로 한다.

제43조의3제3항 전단 중 “「주식회사의 외부감사에 관한 법률」 제3조제3항부터 제5항까지, 제7항, 제4조제7항 및 제6조제1항”을 “「주식회사 등의 외부감사에 관한 법률」 제9조제3항부터 제6항까지, 제10조제5항 및 제21조제1항”으로 한다.

제43조의4 전단 중 “「주식회사의 외부감사에 관한 법률」 제17조제1항부터 제5항까지 및 제7항”을 “「주식회사 등의 외부감사에 관한 법률」 제31조제1항부터 제5항까지 및 제7항”으로 하고, 같은 조 후단의 “제4조”를 “제10조”로 한다.

③부터 ㊲까지 생략

제15조 생략

부칙 〈제15524호, 2018. 3. 27.〉

제1조(시행일) 이 법은 공포 후 6개월이 경과한 날부터 시행한다.

제2조(기타공공기관의 세부분류 등을 위한 준비행위) 기획재정부장관은 이 법 시행 전에 제5조의 개정규정에 따른 기타공공기관의 세분 및 관련 정책 등의 수정 · 보완 · 협의 등을 위하여 필요한 준비를

할 수 있다.

제3조(예비타당성조사 결과 관련 자료의 공개에 관한 적용례) 제40조의2의 개정규정은 이 법 시행 후 실시하는 예비타당성조사부터 적용한다.

제4조(비위행위자 수사 의뢰 등에 관한 적용례) 제52조의3부터 제52조의6까지의 개정규정은 이 법 시행 후 최초로 제52조의3제2항의 개정규정에 따른 비위행위를 한 경우부터 적용한다.

부칙 〈제16092호, 2018. 12. 31.〉

제1조(시행일) 이 법은 공포 후 6개월이 경과한 날부터 시행한다.

제2조(기관장의 직무 대행에 관한 적용례) 제32조제3항의 개정규정은 이 법 시행 후 최초로 구속되는 자부터 적용한다.

제3조(확정ㆍ변경된 예산 자료제출에 대한 적용례) 제40조제8항의 개정규정은 이 법 시행 후 최초로 확정되거나 변경된 예산부터 적용한다.

제4조(경영실적 평가에 대한 적용례) 제48조제1항 및 제4항의 개정규정은 이 법 시행 후 최초로 실시하는 경영실적 평가부터 적용한다.

제5조(의원면직의 제한에 관한 적용례) 제53조의3의 개정규정은 이 법 시행 후 최초로 의원면직을 신청하는 경우부터 적용한다.

부칙 〈제17128호, 2020. 3. 31.〉

제1조(시행일) 이 법은 2021년 1월 1일부터 시행한다.

제2조(운영위원회 회의록 공개에 관한 적용례) 제10조제6항의 개정규정은 이 법 시행 이후 최초로 열리는 회의부터 적용한다.

제3조(임원후보자 추천 기준에 관한 적용례) 제30조제2항의 개정규정은 이 법 시행 이후 최초로 추천하는 사람부터 적용한다.

제4조(당연퇴직에 관한 적용례) 제34조제2항제1호의 개정규정은 이 법 시행 이후 파산선고를 받거나 형의 선고유예를 받은 사람부터 적용한다.

제5조(공공기관의 지정에 관한 경과조치) 이 법 시행 당시 종전의 규정에 따라 지정된 공공기관은 제5조의 개정규정에 따라 지정된 것으로 본다.

제6조(임원후보자 추천에 관한 경과조치) 이 법 시행 당시 종전의 규정에 따라 추천한 사람은 제30조제2항의 개정규정에도 불구하고 종전의 규정에 따른다.

부칙 〈제17153호, 2020. 3. 31.〉 (조달사업에 관한 법률)

제1조(시행일) 이 법은 공포 후 6개월이 경과한 날부터 시행한다. 〈단서 생략〉

제4조(다른 법률의 개정) ① 공공기관의 운영에 관한 법률 일부를 다음과 같이 개정한다.

제44조제1항 본문 중 “「조달사업에 관한 법률」 제5조”를 “「조달사업에 관한 법률」 제14조”로 한다.

② 및 ③ 생략

부칙 〈제17339호, 2020. 6. 9.〉 (법률용어 정비를 위한 기획재정위원회 소관 33개 법률 일부개정을 위한 법률)

이 법은 공포한 날부터 시행한다. 〈단서 생략〉

**개정 예정 법률 밑줄 별도 표시.

공공기관의 운영에 관한 법률 시행령

(약칭: 공공기관운영법 시행령)

[시행 2021. 6. 9.] [대통령령 제31726호, 2021. 6. 8., 타법개정]

제1조(목적) 이 영은 「공공기관의 운영에 관한 법률」에서 위임한 사항과 그 시행에 필요한 사항을 규정함을 목적으로 한다.

제2조(총수입액) 「공공기관의 운영에 관한 법률」(이하 "법"이라 한다) 제4조제1항제2호, 제5조제3항, 같은 조 제4항제1호가목 및 이 영 제7조제1항제2호에서 "총수입액"이란 해당 기관이 사업을 수행하거나 정부·지방자치단체 및 민간 등으로부터 지원을 받아 획득한 수입액과 이에 파생하여 발생한 수입액 중 미래 상환의무가 있는 금액 등을 제외한 것으로서 별표 1에 따라 산정된 금액을 말한다. 〈개정 2020. 11. 24.〉

제3조(정부지원액) 법 제4조제1항제2호에서 "정부지원액"이란 총수입액 중 다음 각 호에 해당하는 금액의 합계액을 말한다.

1. 출연금, 보조금 등 정부로부터 이전받은 수입액 및 「부담금관리기본법」에 따른 부담금 등 법령상 강제규정에 따라 민간 등으로부터 이전받은 수입액

2. 법령에 당해 기관의 업무로 규정되어 있거나 법령에 규정된 위탁근거에 따라 위탁받은 업무로 인한 수입액 또는 법령에 규정되어 있거나 법령의 근거에 따라 부여된 독점적 사업으로 인한 수입액. 이 경우 수입액은 수수료·입장료·사용료·보험료·기여금·부담금 등 그 명칭에 불구하고 위탁업무 또는 독점적 사업으로 인한 모든 수입액을 말한다.

3. 제1호 및 제2호의 운용으로 발생한 부대수입액

제4조(사실상 지배력 확보의 기준) 법 제4조제1항제3호부터 제5호까지에서 "사실상 지배력을 확보"하고 있는 경우라 함은 다음 각 호의 어느 하나에 해당하는 경우를 말한다.

1. 최대지분을 보유하고 지분의 분산도(分散度)로 보아 주주권 등의 행사에 따른 기관 지배가 가능한 경우

2. 법령 또는 정관에 따라 당해 기관의 기관장 또는 이사회 구성원의 과반수의 임명(승인·제청 등을 포함한다)에 관여하는 경우

3. 법령 또는 정관에 따라 당해 기관의 예산 또는 사업계획 등을 승인하는 경우

제5조(자체수입액) 법 제5조제3항 및 같은 조 제4항제1호가목에서 "자체수입액"이란 다음 각 호의 수입액을 합한 금액을 말하며, 제3조제1호에 해당하는 금액은 다음 각 호의 수입액 산정에서 제외한다. 〈개정 2020. 11. 24.〉

1. 고유목적사업 수입액 : 해당 기관의 설립근거법 또는 정관에 명시된 사업의 수행에 따라 직접 발생한 수입으로서 별표 2에 따라 산정된 금액

2. 기타사업 수입액 : 해당 기관의 설립근거법 또는 정관에 명시되지 않은 사업의 수행에 따라 발생한 수입으로서 별표 2에 따라 산정된 금액

3. 사업외 수입액 : 일시적인 자금 운용에 따른 이자수입 등 제1호 및 제2호에 규정된 사업의 수행에 부대하여 발생한 수입으로서 별표 2에 따라 산정된 금액

제6조(총수입액 등의 산정방법 등) ① 법 제4조제1항제2호, 제5조제3항, 같은 조 제4항제1호가목 및 이 영 제7조제1항제2호에 따른 총수입액, 법 제4조제1항제2호의 정부지원액, 법 제5조제3항 및 같은 조 제4항제1호가목의 자체수입액(이하 "총수입액등"이라 한다)은 최근 3개년간의 결산기준 재무제표를 기초로 산정하며, 3개년 평균으로 한다. 〈개정 2020. 11. 24.〉

② 제1항에 따라 총수입액등을 산정할 때에 재무제표가 3년 미만의 기간 동안 작성된 기관의 경우에는 해당 기간의 재무제표를 활용하여 총수입액 등을 산정하며, 재무제표가 작성되지 않은 기관의 경우에는 해당 기관의 예산을 기초로 하여 이에 준하는 자료를 작성하여 산정한다. 〈개정 2020. 11. 24.〉

③ 제1항에 따른 재무제표는 원칙적으로 발생의 사실에 따라 작성된 재무제표를 활용한다. 다만, 발생의 사실에 따라 작성하지 않는 기관의 경우에는 이에 준하는 자료를 작성하여 총수입액등을 산정한다. 〈개정 2020. 11. 24.〉

④ 법 제5조제1항제1호 및 법률 제8258호 공공기관의 운영에 관한 법률 부칙 제3조제2항, 이 영 제21조 및 제22조를 적용할 때

직원 정원은 공공기관 지정 또는 임원 임면 직전연도 연말기준 직원 정원을 기준으로 한다. 다만, 법 제6조제1항 각 호 외의 부분 단서에 따라 공공기관으로 새로 지정되는 등의 사유로 직전연도 연말기준 직원 정원이 없는 공공기관의 경우에는 그 사유가 발생한 날의 정원을 기준으로 한다. 〈개정 2010. 3. 26., 2020. 11. 24.〉

⑤ 법 제5조제1항제1호, 같은 조 제4항제1호가목, 제18조제2항 본문 및 제4항 본문, 제20조제2항 본문 및 같은 조 제3항, 제21조제2항 단서와 이 영 제22조제1항제2호의 자산규모는 최근연도 결산기준 재무제표를 기초로 산정한다. 다만, 법 제6조제1항 각 호 외의 부분 단서에 따라 공공기관으로 새로 지정되는 등의 사유로 재무제표가 작성되지 않은 공공기관의 경우에는 그 사유가 발생한 연도의 예산을 기초로 산정한다. 〈개정 2010. 3. 26., 2020. 11. 24.〉

⑥ 제21조 및 제22조제1항제1호의 총수입액은 최근연도 결산기준 재무제표를 기초로 산정한다. 다만, 법 제6조제1항 각 호 외의 부분 단서에 따라 공공기관으로 새로 지정되는 등의 사유로 재무제표가 작성되지 아니한 공공기관의 경우에는 그 사유가 발생한 연도의 예산을 기초로 산정한다. 〈개정 2010. 3. 26.〉

⑦ 기획재정부장관은 총수입액등의 구체적인 산정기준을 마련하여 이를 관계 법령에 따라 그 공기업·준정부기관과 기타공공기관의 업무를 관장하는 행정기관(이하 "주무기관"이라 한다)의 장에게 통보할 수 있다. 〈개정 2008. 2. 29., 2020. 11. 24.〉

제7조(공기업 및 준정부기관의 지정기준) ① 기획재정부장관은 법 제5조제1항제1호에 따라 다음 각 호의 기준에 해당하는 공공기관을

공기업·준정부기관으로 지정한다.

1. 직원 정원: 50명 이상

2. 수입액(총수입액을 말한다): 30억원 이상

3. 자산규모: 10억원 이상

② 기획재정부장관은 법 제5조제3항에 따라 총수입액 중 자체수입액이 차지하는 비중이 100분의 50 이상인 공공기관을 공기업으로 지정한다.

③ 기획재정부장관은 법 제5조제4항제1호에 따라 다음 각 호의 기준에 해당하는 공기업을 시장형 공기업으로 지정한다.

1. 자산규모: 2조원

2. 총수입액 중 자체수입액이 차지하는 비중: 100분의 85

[전문개정 2020. 11. 24.]

제7조(공기업 및 준정부기관의 지정기준) ① 기획재정부장관은 법 제5조제1항제1호에 따라 다음 각 호의 기준에 해당하는 공공기관을 공기업·준정부기관으로 지정한다.

1. 직원 정원: 50명 이상

2. 수입액(총수입액을 말한다): 30억원 이상

3. 자산규모: 10억원 이상

② 기획재정부장관은 법 제5조제3항에 따라 총수입액 중 자체수입액이 차지하는 비중이 100분의 50(「국가재정법」에 따라 기금을 관리하거나 기금의 관리를 위탁받은 공공기관의 경우 100분의 85) 이상인 공공기관을 공기업으로 지정한다. 〈개정 2021. 12. 21.〉

③ 기획재정부장관은 법 제5조제4항제1호에 따라 다음 각 호의

기준에 해당하는 공기업을 시장형 공기업으로 지정한다.

1. 자산규모: 2조원

2. 총수입액 중 자체수입액이 차지하는 비중: 100분의 85

[전문개정 2020. 11. 24.]

[시행일: 2022. 1. 1.] 제7조

제7조의2(기타공공기관의 지정기준) ① 기획재정부장관은 법 제5조 제2항에 따라 다음 각 호의 어느 하나에 해당하는 공공기관을 기타공공기관으로 지정할 수 있다.

1. 다른 법률에 따라 책임경영체제가 구축되어 있는 기관으로서 다음 각 목의 어느 하나에 해당하는 기관

가. 「국립대학병원 설치법」에 따른 국립대학병원 또는 「국립대학치과병원 설치법」에 따른 국립대학치과병원

나. 「서울대학교병원 설치법」에 따른 서울대학교병원 또는 「서울대학교치과병원 설치법」에 따른 서울대학교치과병원

다. 「공공보건의료에 관한 법률」에 따른 공공보건의료기관

라. 그 밖에 다른 법률에 따라 별도의 책임경영체제가 구축되어 있다고 기획재정부장관이 인정하는 기관

2. 기관 운영의 독립성, 자율성 확보 필요성이 높은 기관으로서 다음 각 목의 어느 하나에 해당하는 기관

가. 공공기관이 출연 또는 출자하여 설립한 교육기관

나. 법무·준사법 업무, 합의·조정 업무나 국제규범이 적용되는 업무 등을 수행하는 기관

다. 민간기업과의 경쟁을 고려해 자율경영 필요성이 높은 기관

라. 연구개발을 주된 목적으로 하는 기관

마. 그 밖에 가목부터 라목까지의 규정에 따른 기관과 유사한 기관으로서 기관 운영의 독립성과 자율성 확보의 필요성이 높다고 기획재정부장관이 인정하는 기관

3. 그 밖에 기획재정부장관이 필요하다고 인정하는 기관으로서 법 제8조에 따른 공공기관운영위원회(이하 "운영위원회"라 한다)의 심의·의결을 거쳐 정하는 기관

② 기획재정부장관은 법 제5조제5항에 따라 기타공공기관 중 다음 각 호의 어느 하나에 해당하는 기관을 연구개발을 목적으로 하는 기관으로 지정할 수 있다.

1. 「정부출연연구기관 등의 설립·운영 및 육성에 관한 법률」에 따라 설립된 정부출연연구기관 및 경제·인문사회연구회

2. 「과학기술분야 정부출연연구기관 등의 설립·운영 및 육성에 관한 법률」에 따라 설립된 과학기술분야 정부출연연구기관 및 국가과학기술연구회

3. 그 밖에 연구개발을 목적으로 하는 기관으로서 운영위원회의 심의·의결을 거쳐 정하는 기관

[전문개정 2020. 11. 24.]

제8조(공공기관 등의 지정 절차) ① 주무기관의 장은 법 제4조에 따라 공공기관 지정의 대상이 되는 기관을 매 회계연도 개시 1개월 전까지 기획재정부장관에게 통보하여야 한다. 〈개정 2008. 2. 29.〉

② 주무기관의 장은 공공기관의 법인격 또는 기관명 등에 변동이 생기거나, 법 제6조제1항 각 호 외의 부분 단서에 따른 공공기관의

신규 또는 구분변경 지정 사유나 지정해제 사유가 발생하였을 때에는 그 내용을 지체 없이 기획재정부장관에게 알려야 한다. 〈개정 2010. 3. 26.〉

제9조(기관 신설에 대한 심사) 주무기관의 장은 법 제7조제1항에 따라 기획재정부장관에게 기관 신설의 타당성에 대한 심사를 요청할 경우에는 다음 각 호의 사항을 첨부한 계획서를 제출하여야 한다. 〈개정 2008. 2. 29.〉

1. 기관의 사업범위 및 내용
2. 신설기관이 제공하는 서비스·재화
3. 향후 5년간의 연간 수입 및 정부지원 예산 소요
4. 향후 5년간의 조직·인력 운영계획
5. 기존에 설립된 유관기관 현황
6. 그 밖에 기획재정부장관이 요청하는 자료

제10조(운영위원회의 심의·의결사항) 법 제8조제17호에서 "그 밖에 공공기관의 운영과 관련하여 대통령령이 정하는 사항"이란 다음 각 호의 사항을 말한다. 〈개정 2017. 8. 9., 2018. 9. 28., 2020. 11. 24.〉

1. 제7조의2제1항제3호 또는 같은 조 제2항제3호에 해당하는 기관인지 여부에 관한 사항
2. 제16조에 따른 통합공시의 항목, 기준 및 절차 등에 관한 사항
3. 제17조제1항에 따른 국민에게 직접 서비스를 제공하는 공공기관의 범위에 관한 사항

4. 제18조제2항에 따른 기능조정 등의 대상에서 제외되는 기관의 지정에 관한 사항

5. 제27조제1항에 따른 경영실적 평가의 의뢰에 관한 사항

6. 제28조제4항에 따른 공기업·준정부기관경영평가단의 운영에 관한 사항

7. 제29조의7제4항에 따른 인사감사의 수행에 필요한 사항

8. 별표 1 제3호다목에 따른 실질적인 수입액 여부 결정에 관한 사항

제11조(운영위원회의 구성) ① 법 제9조제1항제2호에서 "대통령령이 정하는 관계 행정기관의 차관·차장 또는 이에 상당하는 공무원"이란 다음 각 호의 자를 말한다. 〈개정 2008. 2. 29., 2013. 3. 23., 2014. 11. 19., 2017. 7. 26.〉

1. 기획재정부장관이 지명하는 기획재정부차관 1명

2. 행정안전부차관

3. 국민권익위원회 위원장이 지명하는 차관급 공무원 1명

4. 인사혁신처장

② 법 제9조제1항제4호에서 "공공기관의 운영과 경영관리에 관하여 학식과 경험이 풍부"한 사람이란 다음 각 호의 어느 하나에 해당하는 자를 말한다. 〈개정 2008. 7. 29.〉

1. 대학 또는 공인된 연구기관에서 부교수 또는 이에 상당하는 직에 5년 이상 근무한 경력이 있는 자

2. 판사·검사 또는 변호사의 직에 10년 이상 근무한 경력이 있는 자

3. 법 및 이 영에 공공기관, 「자본시장과 금융투자업에 관한 법률」 제9조제15항제3호에 따른 주권상장법인에서 20년 이상 근무한 자로서 임원의 직에 3년 이상 재직한 자

4. 공인회계사 자격을 가지고 제3호에 열거된 기관의 감사·회계부문에서 10년 이상 종사한 경력이 있는 자

5. 고위공무원단 소속 공무원 또는 정무직 공무원의 직에 근무한 자

6. 그 밖에 공공기관의 운영과 관련된 경력 등이 제1호부터 제5호까지의 기준에 상당하다고 인정되는 자

③ 운영위원회는 공공기관의 운영에 관한 전문적·기술적인 사항에 관하여 자문하게 하기 위하여 관계전문가로 구성된 자문단을 설치·운영할 수 있다.

제12조(운영위원회의 운영) ① 위원장은 운영위원회의 회의를 소집하고 그 의장이 된다.

② 위원장이 부득이한 사유로 직무를 수행할 수 없는 때에는 위원장이 지명하는 위원이 그 직무를 대행한다. 〈개정 2010. 3. 26.〉

③ 운영위원회는 업무수행을 위하여 필요한 때에는 관계공무원, 공공기관의 임·직원 등의 출석, 자료 제출과 의견의 진술을 요청할 수 있다.

④ 운영위원회의 민간위원에 대하여는 예산의 범위에서 수당과 여비 그 밖에 필요한 경비를 지급할 수 있다.

⑤ 법 제10조제3항에 따라 위원장은 감사원장과 관계 행정기관의 장에게 운영위원회의 회의에 상정되는 관련 안건을 사전에 송부하여

야 한다.

⑥ 운영위원회는 법 제10조제6항에 따라 운영위원회의 회의 일시, 장소, 참석자, 상정안건, 발언요지 및 결정사항을 포함해 회의록을 작성하고, 운영위원회의 의결을 거쳐 위원장이 정하는 바에 따라 이를 공개해야 한다. 〈개정 2020. 11. 24.〉

⑦ 제1항부터 제6항까지에서 규정한 사항 외에 운영위원회의 운영에 관하여 필요한 사항은 운영위원회의 의결을 거쳐 위원장이 정한다. 〈개정 2020. 11. 24.〉

제13조(운영위원회 위원의 제척 · 기피 · 회피) ① 위원은 다음 각 호의 어느 하나에 해당하는 사항에 대한 심의 · 의결에서 제척된다.

1. 위원과 직접적인 이해관계가 있는 사항

2. 위원의 배우자, 4촌 이내의 혈족, 2촌 이내의 인척의 관계에 있는 자 또는 위원이 속한 기관과 이해관계가 있는 사항

3. 위원 또는 위원이 속한 기관이 자문 · 고문 등을 행하고 있는 자와 이해관계가 있는 사항

② 운영위원회에서 심의 · 의결하는 사항과 직접적인 이해관계가 있는 자는 위원에게 심의 · 의결의 공정을 기대하기 어려운 사정이 있는 경우에 그 사유를 적어 기피신청을 할 수 있다. 이 경우 위원장은 기피신청에 대하여 운영위원회의 의결을 거치지 아니하고 기피 여부를 결정한다.

③ 위원이 제1항 또는 제2항의 사유에 해당하는 때에는 스스로 그 사건의 심의 · 의결에서 회피할 수 있다.

제14조(소위원회) ① 운영위원회는 그 업무를 효율적으로 수행하기

위하여 운영위원회 위원의 일부로 구성되는 소위원회를 둘 수 있다.

② 소위원회의 위원장 및 위원은 운영위원회의 위원장이 지명한다.

③ 소위원회는 운영위원회가 그 의결로써 정한 사항을 검토하여 운영위원회에 보고한다.

④ 그 밖에 소위원회의 구성·운영에 관하여 필요한 사항은 운영위원회의 의결을 거쳐 위원장이 정한다.

제15조(경영공시) 공공기관이 법 제11조제1항의 사항을 공시하는 경우에는 다음 각 호의 기준에 따라야 한다. 〈개정 2010. 3. 26., 2016. 9. 22., 2018. 9. 28.〉

1. 경영공시 사항은 최근 5년간의 자료를 게시·비치

2. 법 제11조제1항제2호에 따른 결산서는 사업연도 종료 후 90일 이내에 게시·비치

3. 법 제11조제1항제1호 및 제3호부터 제16호까지의 규정에 따른 사항은 해당 사유가 발생할 때마다 지체없이 게시·비치

제16조(통합공시) ① 기획재정부장관은 운영위원회의 심의·의결을 거쳐 법 제12조에 따른 통합공시의 항목, 기준 및 절차 등(이하 "통합공시기준등"이라 한다)에 관한 사항을 정하고, 이를 공공기관의 장에게 통보하여야 한다. 〈개정 2008. 2. 29.〉

② 기획재정부장관은 제1항에 따라 결정된 통합공시기준등에 관한 사항을 변경하는 경우에는 운영위원회의 심의·의결을 거쳐 확정한 후 변경된 통합공시기준등을 적용하기 14일 전까지 공공기관의 장에게 통보하여야 한다. 〈개정 2008. 2. 29.〉

③ 공공기관의 장은 제1항 및 제2항의 통합공시기준등에 따라 기획재정부장관이 지정하는 인터넷 사이트에 경영정보를 공시한다. 〈개정 2008. 2. 29.〉

제17조(고객헌장 등) ① 기획재정부장관은 운영위원회의 심의·의결을 거쳐 국민에게 직접 서비스를 제공하는 공공기관의 범위를 정하고, 이를 공공기관의 장에게 통보하여야 한다. 〈개정 2008. 2. 29.〉

② 공공기관은 법 제13조제1항에 따른 고객헌장을 제정한 때에는 국민이 이를 알 수 있도록 인터넷 등을 통하여 공표하거나 일정한 장소에 게시하여야 한다.

③ 공공기관의 장은 법 제13조제2항에 따른 고객만족도 조사를 외부 전문기관에 의뢰하여 실시할 수 있다.

제18조(공공기관에 대한 기능조정 등) ① 기획재정부장관은 공공기관의 성격·업무특성 등을 고려하여 법 제14조에 따른 공공기관에 대한 기능조정 등을 단계적으로 실시할 수 있다. 〈개정 2008. 2. 29.〉

② 기획재정부장관은 운영위원회의 심의·의결을 거쳐 공공기관 중 다음 각 호의 어느 하나에 해당하는 기관을 법 제14조의 기능조정 등의 대상에서 제외할 수 있다. 〈개정 2008. 2. 29., 2021. 1. 5.〉

1. 당해 기관의 기능 수행에 있어 정부로부터의 독립성·중립성 보장이 필요하다고 관계 법률에 규정된 기관

2. 설립 후 3년이 경과되지 않은 기관

3. 그 밖에 운영위원회가 기관의 업무특성 등을 고려하여 기능조

정 등의 대상으로 하는 것이 적절하지 않다고 정하는 기관

③ 기획재정부장관은 법 제14조제4항에 따른 원활한 계획집행을 위하여 필요한 경우에는 주무기관의 장과 협의한 후 운영위원회의 심의·의결을 거쳐 국가 및 공공기관이 보유한 재산의 처분을 「금융회사부실자산 등의 효율적 처리 및 한국자산관리공사의 설립에 관한 법률」에 따른 한국자산관리공사(이하 "한국자산관리공사"라 한다)에 위탁할 것을 주무기관의 장에게 요구할 수 있다. 〈신설 2011. 7. 14., 2014. 3. 24., 2018. 9. 28.〉

④ 주무기관의 장 또는 공공기관의 장은 제3항에 따라 보유재산의 처분을 위탁할 때에는 다음 각 호의 사항을 포함한 위탁계약을 한국자산관리공사와 체결하여야 한다. 〈신설 2011. 7. 14.〉

1. 위탁의 목적
2. 위탁 수수료 및 비용
3. 그 밖에 위탁업무의 수행에 필요한 사항

제19조(선임비상임이사) ① 법 제21조에 따른 선임비상임이사(先任非常任理事)는 공공기관의 운영과 경영관리에 관하여 학식과 경험이 풍부하고 중립적인 사람으로서 제11조제2항 각 호의 어느 하나에 해당하는 자로 한다.

② 선임비상임이사는 이사회 안건 그 밖에 기관 운영에 관한 사항을 논의하기 위하여 비상임이사회의를 소집·주재할 수 있다.

③ 공기업·준정부기관의 장은 선임비상임이사가 제2항에 따른 업무를 수행할 수 있도록 필요한 지원을 하여야 한다.

제20조(비상임이사의 감사요청 등에 대한 소명) ① 감사 또는 감사

위원회는 법 제22조제2항에 따른 비상임이사의 감사요청에 응하기 어려운 특별한 사정이 있는 경우에는 그 사유를 해당 비상임이사에게 소명하고 그 사실을 이사회에 보고하여야 한다.

② 공기업·준정부기관의 장은 법 제22조제3항의 비상임이사의 자료 요구에 응하기 어려운 특별한 사정이 있는 경우에는 그 사유를 해당 비상임이사에게 소명하고 그 사실을 이사회에 보고하여야 한다.

제20조의2(양성평등을 위한 임원임명 목표제) ① 공기업·준정부기관의 장은 법 제24조의2제3항에 따른 연차별 보고서를 작성하여 법 제47조제1항에 따른 경영실적보고서와 함께 기획재정부장관과 주무기관의 장에게 제출해야 한다.

② 제1항에 따른 연차별 보고서에는 다음 각 호의 사항이 포함되어야 한다.

1. 임원 구성상의 양성평등 현황(성별 인원수 및 비율을 포함한다)

2. 전년도 이행 실적과 그 점검 결과

3. 연차별 보고서를 제출하는 연도를 포함한 향후 5년간의 연차별 양성평등 임원임명 목표와 그 이행 계획

4. 그 밖에 양성평등을 위한 임원임명 목표를 달성하기 위해 필요하다고 인정되는 사항

③ 제1항에 따라 연차별 보고서를 제출받은 주무기관의 장은 필요한 경우 기획재정부장관에게 의견을 제출할 수 있다.

④ 제1항부터 제3항까지에서 규정한 사항 외에 양성평등을 위한

임원임명 목표의 수립·이행과 보고서 작성·제출에 필요한 사항은 기획재정부장관이 정한다.

[본조신설 2019. 6. 18.]

제21조(공기업 임원의 임면) 법 제25조제1항 단서 및 제4항 단서에서 "대통령령이 정하는 기준 이하인 공기업"이란 제2조에 따른 총수입액이 1천억원 미만이거나 직원 정원이 500명 미만인 공기업을 말한다.

제22조(준정부기관 임원의 임면) ① 법 제26조제1항 단서 및 같은 조 제4항 단서에서 "대통령령이 정하는 기준"과 법 제24조제3항 본문 및 법 제26조제3항 본문에서 "대통령령으로 정하는 기준"이란 각각 다음 각 호의 기준을 말한다. 〈개정 2010. 3. 26., 2016. 3. 31.〉

1. 위탁집행형 준정부기관 : 제2조에 따른 총수입액이 1천억원 이상이고 직원 정원이 500명 이상일 것

2. 기금관리형 준정부기관 : 자산규모(위탁관리하는 기금자산을 포함한다)가 1조원 이상이고 직원 정원이 500명 이상일 것

② 법 제24조제3항 본문, 법 제26조제3항 본문 및 같은 조 제4항 단서에서 "대통령령으로 정하는 준정부기관"과 법 제26조제1항 단서에서 "대통령령이 정하는 준정부기관"이란 각각 다음 각 호의 어느 하나에 해당하는 기관을 말한다. 〈개정 2010. 3. 26., 2016. 3. 31.〉

1. 「독립기념관법」에 따른 독립기념관

2. 「산업재해보상보험법」에 따른 근로복지공단

3. 「소비자기본법」에 따른 한국소비자원

4. 「한국주택금융공사법」에 따른 한국주택금융공사

5. 「한국연구재단법」에 따른 한국연구재단

6. 「한국장학재단 설립 등에 관한 법률」에 따른 한국장학재단

7. 「한국국제협력단법」에 따른 한국국제협력단

제23조(임원추천위원회의 구성 및 운영) ① 공기업·준정부기관의 이사회는 임원의 임기 만료 2개월 전(임기 만료 외의 사유로 인해 임원을 새로 선임할 필요가 있는 경우에는 그 사유가 발생한 날부터 1개월 이내)에 법 제29조에 따른 임원추천위원회(이하 "추천위원회"라 한다)를 구성해야 한다. 〈개정 2020. 11. 24.〉

② 임기 만료를 사유로 구성되는 추천위원회는 임원의 임기 만료 전까지 임원후보자를 복수(複數)로 추천해야 한다. 다만, 임원후보자가 될 수 있는 사람이 2명 이상이 되지 않아 임원후보자가 될 수 있는 사람을 다시 공개모집해야 하는 등 불가피한 사유가 있는 경우에는 임명권자 또는 제청권자와 협의해 후보자 추천 기한을 연장할 수 있다. 〈신설 2020. 11. 24.〉

③ 추천위원회의 위원 정수는 5명에서 15명 이내의 범위에서 이사회 의결로 정한다. 다만, 추천위원회의 구성 당시 비상임이사가 2명 이하인 경우에는 위원 정수를 2명 또는 3명으로 할 수 있다. 〈개정 2010. 3. 26., 2020. 11. 24.〉

④ 법 제29조제2항에 따라 이사회가 선임하는 위원은 법조계·경제계·언론계·학계 및 노동계 등 다양한 분야에서 학식과 경험이 풍부한 사람 중에서 선임해야 한다. 다만, 해당 공기업·준정부기관

구성원의 의견을 대변할 수 있는 사람 1명이 포함되어야 한다. 〈개정 2020. 11. 24.〉

⑤ 추천위원회는 재적위원 과반수의 찬성으로 의결한다. 〈개정 2020. 11. 24.〉

⑥ 추천위원회는 임원후보의 모집·조사 등의 업무를 전문기관에 의뢰할 수 있다. 〈개정 2020. 11. 24.〉

⑦ 법 또는 이 영에 규정된 사항 외에 추천위원회의 구성 및 위원의 제척·기피·회피제도 등 추천위원회의 운영과 임원의 선임 등에 관하여 필요한 사항은 공기업·준정부기관의 정관 또는 내규로 정한다. 〈개정 2020. 11. 24.〉

제23조의2(감사후보자 추천 기준) ① 법 제30조제2항제3호에서 "대통령령으로 정하는 경력이 있는 사람"이란 공공기관, 연구기관 또는 「자본시장과 금융투자업에 관한 법률」 제9조제15항제3호에 따른 주권상장법인에서 부서의 책임자 이상의 지위에 근무한 경력이 있는 사람을 말한다.

② 법 제30조제2항제4호에서 "대통령령으로 정하는 직급의 공무원"이란 「국가공무원법」 또는 「지방공무원법」에 따른 5급 이상이나 이에 상당하는 공무원을 말한다.

③ 법 제30조제2항제5호에서 "대통령령으로 정하는 자격을 가진 사람"이란 다음 각 호의 요건을 모두 갖춘 사람을 말한다.

1. 임명 예정인 공공기관의 업무와 관련된 분야에서 5년 이상 근무한 경력이 있을 것

2. 국가기관, 지방자치단체, 공공기관, 법인, 「비영리민간단체 지

원법」에 따라 지원을 받은 단체 또는 「정당법」에 따라 관할 선거관리위원회에 등록된 정당에서 감사·수사·법무, 예산·회계, 조사·기획·평가 등의 업무를 1년 이상 담당했을 것

[본조신설 2020. 11. 24.]

제24조(임원후보자의 모집) ① 법 제30조제4항에 따라 임원후보자를 공개모집하는 경우에는 해당 공기업·준정부기관의 인터넷 홈페이지 및 1개 이상의 일간지에 공고하되, 그 모집기간을 1주 이상으로 하여야 한다. 다만, 신속한 채용을 위하여 부득이한 경우에는 주무기관의 장의 승인을 얻어 공고기간을 단축할 수 있다. 〈개정 2010. 3. 26., 2017. 8. 9.〉

② 공기업·준정부기관은 제1항에 따라 임원후보자의 공개모집에 관한 사항을 공고하는 경우에는 주무기관·기획재정부 및 인사혁신처에 그 기관의 인터넷 홈페이지에 이를 게재하여 줄 것을 요청하여야 한다. 〈개정 2008. 2. 29., 2013. 3. 23., 2014. 11. 19.〉

제24조의2(임원후보자의 재추천 요구) 법 제25조 또는 제26조에 따른 공기업이나 준정부기관 임원의 임명권자 또는 임명제청권자는 추천위원회가 추천한 임원후보자가 법 제34조제1항에 따른 임원의 결격사유에 해당하거나 공기업 또는 준정부기관의 경영에 현저하게 부적당하다고 인정되는 때에는 추천위원회에 임원후보자의 재추천을 요구할 수 있다.

[본조신설 2010. 3. 26.]

제25조(임직원의 겸직제한) 법 제37조제3항에 따른 영리를 목적으로 하는 업무의 범위에 대하여는 「국가공무원 복무규정」 제25조의

규정을 준용한다.

제25조의2(중장기재무관리계획의 수립 기관 등) ① 법 제39조의2제1항제2호에서 "대통령령으로 정하는 기준에 해당하는 공기업·준정부기관"이란 다음 각 호의 어느 하나에 해당하는 공기업·준정부기관을 말한다.

1. 해당 공기업·준정부기관의 설립 근거 법률에서 정부가 그 공기업·준정부기관의 손실을 보전할 수 있도록 정하고 있는 경우의 해당 공기업·준정부기관

2. 부채가 자산보다 큰 공기업·준정부기관 중 자본잠식의 규모·사유·기간 등을 종합적으로 고려하여 기획재정부장관이 정하여 고시하는 공기업·준정부기관

② 법 제39조의2제1항 각 호의 어느 하나에 해당하는 기관의 장이 같은 항에 따른 중장기재무관리계획을 수립할 때에는 다음 각 호의 사항을 고려하여 기획재정부장관이 정하여 고시하는 작성방법 등에 따라야 한다.

1. 작성 내용에 공통적으로 포함되어야 하는 구체적인 항목에 관한 사항

2. 각종 전망·평가·분석에 공통적으로 적용될 가정(假定) 등 기준 설정에 관한 사항

3. 작성 내용의 객관성을 유지하는 데에 필요한 사항

4. 법 제39조의2제2항제3호에 따른 재무관리계획과 같은 항 제4호에 따른 부채관리계획에 포함되어야 할 내용에 관한 사항

③ 기획재정부장관은 제2항에 따른 중장기재무관리계획의 작성방

법 등에 관한 사항을 정하기 위하여 필요한 경우에는 주무기관의 장과 협의할 수 있다.

[본조신설 2013. 10. 2.]

제25조의3(예비타당성조사) ① 공기업·준정부기관의 장(이하 이 조 및 제25조의4에서 "기관장"이라 한다)은 다음 각 호의 요건을 모두 충족하는 신규 투자사업 및 자본출자에 대한 예산을 편성하려는 경우 법 제40조제3항 본문에 따라 기획재정부장관에게 예비타당성조사를 신청해야 한다. 〈개정 2020. 11. 24.〉

1. 총사업비가 1,000억원 이상일 것

2. 국가의 재정지원금액과 공공기관 부담금액의 합계액이 500억원 이상일 것

② 기관장은 제1항에 따라 예비타당성조사를 신청하는 경우에는 사업의 명칭·개요·필요성 등을 명시한 사업계획서를 기획재정부장관에게 함께 제출하여야 한다.

③ 기획재정부장관은 제1항에 따른 신청을 받은 경우 관계 전문가의 자문을 거쳐 예비타당성조사 실시여부를 결정하여야 한다.

④ 기관장은 제1항 각 호의 요건을 모두 충족하는 신규 투자사업 및 자본출자가 법 제40조제3항 단서에 따른 예비타당성조사 면제대상임을 확인받으려는 경우에는 기획재정부장관에게 해당 사업의 명칭, 개요, 필요성 및 면제 사유 등을 명시한 예비타당성조사 면제대상 확인요구서를 제출해야 한다. 다만, 기관장은 법 제40조제3항제5호에 따른 국회 소관 상임위원회의 동의를 받기 전에 해당 사업이 「재난 및 안전관리 기본법」 제3조제1호에 따른 재난(이하 "재난"이

라 한다)예방을 위해 시급한 추진이 필요한 사업임을 기획재정부장관에게 확인받으려는 경우에도 예비타당성조사 면제대상 확인요구서를 제출할 수 있다. 〈개정 2020. 11. 24.〉

⑤ 기획재정부장관은 제4항에 따른 예비타당성조사 면제대상 확인요구서를 제출받은 경우 관계 전문가의 자문을 거쳐 법 제40조제3항 각 호의 어느 하나에 해당하는 사업이라고 확인하는 경우에는 기관장에게 그 결과를 통보하여야 한다.

⑥ 기획재정부장관은 법 제40조제3항에 따른 예비타당성조사 사업의 선정기준·조사수행기관·조사방법 및 절차 등에 관한 지침을 마련하여 기관장에게 통보하여야 한다.

[본조신설 2016. 9. 22.]

제25조의4(타당성재조사) ① 기관장은 법 제40조의3제1항에 따라 다음 각 호의 어느 하나에 해당하는 사업은 그 타당성을 재조사(이하 "타당성재조사"라 한다)해야 한다.

1. 총사업비 또는 국가의 재정지원금액과 공공기관 부담금액의 합계액이 제25조의3제1항 각 호에 따른 예비타당성조사(이하 이 조에서 "예비타당성조사"라 한다)의 대상이 되는 규모(이하 이 호에서 "예비타당성조사 대상 규모"라 한다)에 미달하여 예비타당성조사를 실시하지 않았으나 사업추진 과정에서 예비타당성조사 대상 규모 이상으로 증가한 사업

2. 예비타당성조사의 대상사업 중 예비타당성조사를 거치지 않고 예산이 편성되어 집행 중인 사업

3. 예비타당성조사를 거친 사업 중 물가인상분 및 공익사업의 시

행에 필요한 토지 등의 손실보상비 증가분을 제외한 총사업비가 예비타당성조사를 거친 당시의 토지 등의 손실보상비를 제외한 총사업비에 비해 100분의 30 이상 증가한 사업

4. 예비타당성조사를 거친 사업 중 사업여건의 변동 등으로 해당 사업에 대한 수요예측치가 예비타당성조사를 거친 당시에 비해 100분의 30 이상 감소한 사업

5. 감사원이 감사결과에 따라 타당성재조사를 요청한 사업

6. 그 밖에 중복투자 등으로 예산낭비 소지가 있는 등 주무기관의 장 또는 기획재정부장관이 타당성재조사가 필요한 것으로 인정하여 타당성재조사를 요청한 사업

② 기관장은 제1항에도 불구하고 다음 각 호의 어느 하나에 해당하는 경우에는 주무기관의 장 및 기획재정부장관과의 협의를 거쳐 타당성재조사를 실시하지 않을 수 있다.

1. 사업의 상당부분이 이미 시공되어 매몰비용이 차지하는 비중이 큰 경우 등 타당성재조사의 실익이 없는 경우

2. 긴급한 경제·사회적 상황에 대응하기 위한 목적으로 추진되는 사업의 경우

3. 재난예방·복구 지원 또는 안전 문제 등으로 시급한 추진이 필요한 사업의 경우

[본조신설 2020. 11. 24.]

제26조(결산서 제출) ① 삭제 〈2011. 10. 14.〉

② 준정부기관은 법 제43조제2항에 따라 확정한 결산서를 확정한 날로부터 10일 이내에 기획재정부장관에게 제출하여야 한다. 〈개정

2008. 2. 29.〉

제26조의2(회계감사인선임위원회의 구성 및 운영) ① 법 제43조의2 제1항에 따른 회계감사인선임위원회(같은 항에 따라 감사위원회를 회계감사인선임위원회로 보는 경우는 제외한다)의 위원은 해당 공기업 또는 준정부기관의 감사와 비상임이사 전원으로 구성한다.

② 회계감사인선임위원회의 위원장은 해당 공기업 또는 준정부기관의 비상임이사인 위원 중에서 호선한다.

③ 위원장은 회계감사인선임위원회의 회의를 소집하고, 그 의장이 된다.

④ 회계감사인선임위원회의 회의는 재적위원 3분의 2 이상의 출석으로 개의하고 출석위원 과반수의 찬성으로 의결한다.

⑤ 제1항부터 제4항까지에서 규정한 사항 외에 회계감사인선임위원회의 운영 등에 필요한 사항은 기획재정부장관이 정한다.

[본조신설 2010. 3. 26.]

제27조(경영실적 평가) ① 기획재정부장관은 필요하다고 인정되는 때에는 운영위원회의 의결을 거쳐 전문기관에 공기업·준정부기관의 경영실적 평가를 의뢰할 수 있다. 〈개정 2008. 2. 29.〉

② 기획재정부장관은 법 제48조에 따른 경영실적 평가의 기준과 방법 및 평가결과에 따른 조치사항 등을 고려하여 매 회계연도 개시 전까지 경영실적 평가에 관한 편람을 작성하여야 한다. 다만, 법 제6조에 따라 새로이 지정된 공기업·준정부기관의 경우에는 지정된 후 4개월 이내에 경영실적 평가에 관한 편람을 작성하여야 한다. 〈개정 2008. 2. 29., 2011. 7. 14.〉

③ 법 제48조제4항 전단에서 "대통령령으로 정하는 경우"란 법, 「상법」, 「형법」, 「조세범 처벌법」, 「지방세기본법」, 「독점규제 및 공정거래에 관한 법률」, 해당 공공기관의 설립 근거 법률 또는 그 밖에 해당 공공기관의 업무와 관련되는 법률 등을 위반하여 채용비위, 조세포탈, 회계부정, 불공정거래행위 등과 관련한 중대한 위법행위를 한 경우를 말한다. 〈신설 2018. 9. 28.〉

④ 기획재정부장관은 운영위원회의 심의·의결을 거쳐 평가결과에 따른 인사상 또는 예산상의 조치에 대한 건의 및 요구, 성과급 지급률 결정 등의 후속조치를 할 수 있다. 〈신설 2011. 7. 14., 2018. 9. 28.〉

제28조(공기업·준정부기관경영평가단의 구성 및 운영) ① 기획재정부장관은 법 제48조제6항에 따라 다음 각 호의 어느 하나에 해당하는 자 중에서 위촉하는 자로 공기업·준정부기관경영평가단(이하 "경영평가단"이라 한다)을 수시로 구성·운영할 수 있다. 〈개정 2008. 2. 29., 2011. 7. 14.〉

1. 공공기관의 운영 및 경영관리에 관한 전문지식이 있는 대학의 교수

2. 정부출연연구기관에 소속된 박사학위소지자 및 이에 준하는 자격이 있다고 인정되는 자

3. 5년 이상의 실무경험이 있는 공인회계사·변호사 및 경영자문업무에 관한 전문가

4. 그 밖에 공공기관의 운영 및 경영관리에 관한 전문지식과 경험이 풍부하다고 인정되는 자

② 경영평가단의 업무수행에 소요되는 경비는 예산의 범위에서 이를 지급할 수 있다.

③ 경영평가단은 부여된 업무가 완료된 때에 해체된 것으로 본다.

④ 이 영에 규정된 사항 외에 경영평가단의 구성·운영에 관하여 필요한 사항은 운영위원회의 의결을 거쳐 기획재정부장관이 정한다. 〈개정 2008. 2. 29., 2010. 3. 26.〉

제29조(감독의 적정성 점검) 기획재정부장관과 주무기관의 장은 법 제51조제4항에 따른 공기업·준정부기관에 대한 감독의 적정성 점검 및 개선 조치를 기관의 성격·업무특성 등을 고려하여 단계적으로 실시할 수 있다. 〈개정 2008. 2. 29.〉

제29조의2(출연·출자에 대한 사전협의) ① 법 제51조의2제1항 단서에서 "대통령령으로 구체적으로 정한 경우"란 다음 각 호의 결정 등에 따라 공기업·준정부기관이 다른 법인의 지분을 취득하게 되는 경우를 말한다.

1. 다음 각 목에 따라 금융을 다루는 공공기관이 출자하는 경우

가. 「채무자 회생 및 파산에 관한 법률」 제242조에 따른 회생계획인가의 결정

나. 「기업구조조정 촉진법」 제17조에 따른 채무조정에 관한 협의회의 의결

다. 재무구조개선 대상기업에 대한 채권을 가진 금융채권자 간 재무구조개선 대상기업의 신용위험평가 및 구조조정방안 등에 대한 협의를 위하여 설치한 협의회의 채무조정에 관한 의결

라. 「기술보증기금법」 제28조의3 또는 「신용보증기금법」 제23

조의3에 따른 유동화회사보증을 위한 유동화회사 등에 대한 출자

마. 「기술보증기금법」 제28조의4 또는 「신용보증기금법」 제23조의4에 따른 보증연계투자

바. 「예금자보호법」 제38조에 따른 부보금융회사에 대한 자금지원

사. 「공적자금관리 특별법」에 따른 공적자금 지원

2. 장관급 이상의 주요 직위자를 구성원으로 하여 운영하는 회의의 심의·의결을 통하여 주무기관의 장 및 기획재정부장관과의 사전협의를 사실상 수행한 이후 출자하는 경우

② 출연·출자기관 설립 또는 다른 법인에 대한 출연·출자에 대하여 공기업·준정부기관 이사회의 심의·의결이 필요한 경우 법 제51조의2에 따른 사전협의는 이사회 심의·의결 전에 이루어져야 한다.

③ 공기업·준정부기관은 법 제51조의2에 따라 출연·출자기관을 설립하거나 다른 법인에 출연·출자하기 위하여 사전협의를 할 경우에는 주무기관의 장 및 기획재정부장관에게 다음 각 호의 사항이 포함된 계획서를 제출하여야 한다.

1. 출연·출자의 목적 및 필요성
2. 출연·출자대상 법인의 사업범위 및 내용
3. 출연·출자의 금액 및 시기
4. 출연·출자대상 법인의 최소 5년간의 연도별 재무 계획
5. 정부 또는 공공기관의 출연·출자대상 법인에 대한 예산지원, 채무보증, 손실보전 등의 내용

6. 그 밖에 주무기관의 장 또는 기획재정부장관이 요청하는 자료

[본조신설 2016. 9. 22.]

제29조의3(비위행위자에 대한 수사 의뢰 등) ① 법 제52조의3제2항 전단에서 "금품비위, 성범죄, 채용비위 등 대통령령으로 정하는 비위행위"란 다음 각 호의 어느 하나에 해당하는 행위를 말한다.

1. 직무와 관련하여 위법하게 금전, 물품, 부동산, 향응 또는 그 밖의 재산상 이익을 주고받거나 약속하는 행위

2. 해당 공공기관의 공금, 재산 또는 물품의 횡령, 배임, 절도, 사기 또는 유용(流用)

3. 「성폭력범죄의 처벌 등에 관한 특례법」 제2조에 따른 성폭력범죄

4. 「성매매알선 등 행위의 처벌에 관한 법률」 제4조에 따른 금지행위

5. 법령이나 정관·내규 등을 위반하여 채용·승진 등 인사에 개입하거나 영향을 주는 행위로서 인사의 공정성을 현저하게 해치는 행위

6. 그 밖에 제27조제3항에 해당하는 행위

② 기획재정부장관 또는 주무기관의 장은 법 제52조의3제2항 전단에 따라 수사 또는 감사를 의뢰하는 경우에는 다음 각 호의 구분에 따른다. 이 경우 제2호에 따라 감사원에 감사를 의뢰하는 경우에는 감사원과 미리 협의하여야 한다.

1. 범죄의 사실 또는 혐의가 있어 수사의 필요성이 있다고 인정되는 경우: 수사기관에 수사 의뢰

2. 기획재정부장관 또는 주무기관의 장이 직접 감사하기 어려운 부득이한 사유가 있고 「감사원법」에 따른 감사가 필요하다고 인정되는 경우: 감사원에 감사 의뢰

3. 그 밖에 기획재정부장관 또는 주무기관의 장이 직접 감사하기 어려운 부득이한 사정이 있는 경우: 기획재정부장관은 주무기관의 장에게, 주무기관의 장은 기획재정부장관에게 감사 의뢰. 이 경우 기획재정부장관에게 의뢰하는 감사는 법 제52조의6에 따른 인사감사로 한정한다.

③ 기획재정부장관 또는 주무기관의 장은 법 제52조의3제2항 전단에 따라 수사 또는 감사를 의뢰하는 경우에는 비위행위 사실 또는 혐의에 관한 자료 등을 함께 제출하여야 한다.

[본조신설 2018. 9. 28.]

제29조의4(채용비위 행위자 명단 공개) ① 기획재정부장관 또는 주무기관의 장은 법 제52조의4제1항에 따라 명단 공개를 하는 경우에는 다음 각 호의 사항을 공개하여야 한다. 〈개정 2021. 6. 8.〉

1. 채용비위 행위자의 이름, 나이, 직업 및 주소. 이 경우 「도로명주소법」 제2조제6호에 따른 상세주소는 생략할 수 있다.

2. 채용비위 행위 당시 소속 공공기관의 명칭 및 주소, 담당 직무 및 직위

3. 채용비위 행위의 내용 및 방법

4. 채용비위 행위와 관련된 유죄의 확정판결 내용

② 기획재정부장관 또는 주무기관의 장은 제1항에 따라 명단 공개를 하는 경우 관보에 싣거나 제16조제3항에 따른 기획재정부장관

이 지정하는 인터넷 사이트 또는 주무기관의 인터넷 홈페이지에 1년간 게시하는 방법으로 한다.

[본조신설 2018. 9. 28.]

제29조의5(채용비위 관련자 합격취소 등의 요청 기준 등) 법 제52조의5제1항 전단에 따른 합격취소등(이하 "합격취소등"이라 한다)의 요청 기준 및 내용은 다음 각 호와 같다.

1. 채용비위로 인하여 채용시험에 합격하거나 채용된 경우: 해당 채용시험의 합격 또는 채용의 취소 요청

2. 채용비위에 가담하거나 협조하여 승진, 전직, 전보 또는 파견 등이 된 경우: 해당 승진, 전직, 전보 또는 파견 등의 취소 요청. 이 경우 필요하다고 인정하면 인사상의 불이익 조치를 함께 요청할 수 있다.

[본조신설 2018. 9. 28.]

제29조의6(채용비위 관련자 합격취소 등에 필요한 소명 절차 등) ① 운영위원회는 법 제52조의5제1항에 따라 합격취소등의 요청에 관한 심의·의결을 하는 경우에는 회의 개최 10일 전까지 다음 각 호의 사항을 해당 합격취소등의 당사자에게 통지하여야 한다. 이 경우 해당 공공기관의 장에게도 함께 통지하여야 한다.

1. 합격취소등의 요청 내용 및 사유

2. 소명 기한

3. 소명 방법

4. 소명하지 아니하는 경우의 처리방법

5. 그 밖에 소명에 필요한 사항

② 운영위원회는 제1항 각 호 외의 부분 전단에 따른 통지를 받은 당사자가 정당한 사유 없이 소명하지 아니한 경우에는 소명기회를 주지 아니하고 심의·의결할 수 있다.

③ 운영위원회는 필요하다고 인정하는 경우에는 관계인의 출석 또는 증거물의 제출을 요구할 수 있다.

④ 기획재정부장관 또는 주무기관의 장은 합격취소등의 요청에 관한 운영위원회의 심의·의결 후 그 결과를 해당 공공기관의 장에게 통지하여야 한다.

[본조신설 2018. 9. 28.]

제29조의7(인사감사 등) ① 법 제52조의6제1항에 따른 인사감사(이하 "인사감사"라 한다)는 인사운영 전반 또는 채용, 승진, 평가 등 특정 사항을 대상으로 한다.

② 기획재정부장관이 법 제52조의6제1항에 따라 인사감사를 하는 경우에는 「공공감사에 관한 법률」 제19조부터 제21조까지, 제23조, 제23조의2, 제24조부터 제31조까지, 제32조제3항, 제33조, 제36조제2항, 제38조 및 같은 법 제37조에 따른 감사원규칙을 준용한다. 이 경우 "중앙행정기관등의 장" 또는 "감사기구의 장"은 "기획재정부장관"으로, "자체감사"는 "인사감사"로 본다.

③ 주무기관의 장이 법 제52조의6제1항에 따라 인사감사를 하는 경우에는 「공공감사에 관한 법률」에 따른다.

④ 제1항부터 제3항까지에서 규정한 사항 외에 인사감사의 효율적인 수행을 위하여 필요한 사항은 운영위원회의 심의·의결을 거쳐 기획재정부장관이 정한다.

[본조신설 2018. 9. 28.]

제30조(소수주주권의 행사 등) 법 제54조에서 "대통령령으로 정하는 증권시장"이란 「자본시장과 금융투자업에 관한 법률 시행령」 제176조의9제1항에 따른 유가증권시장을 말한다.

[본조신설 2013. 8. 27.]

제31조(고유식별정보의 처리) 기획재정부장관, 주무기관의 장 및 공기업·준정부기관의 장은 법 제34조에 따른 공기업·준정부기관 임원의 결격사유 확인에 관한 사무를 수행하기 위하여 불가피한 경우 「개인정보 보호법 시행령」 제19조제1호에 따른 주민등록번호가 포함된 자료를 처리할 수 있다.

[본조신설 2014. 8. 6.]

부칙 〈제19978호, 2007. 3. 27.〉

①(시행일) 이 영은 2007년 4월 1일부터 시행한다.

②(폐지법령) 정부투자기관관리기본법시행령 및 정부산하기관관리기본법시행령은 이를 각각 폐지한다.

③(임원의 임면기준에 관한 특례) 법 및 이 영에 따라 최초로 공공기관으로 지정된 기관에 대하여 제21조 및 제22조를 적용함에 있어서 이 영 시행일부터 3년간은 제21조 및 제22조에 따른 총수입액, 직원 정원 및 자산규모에 변동이 없는 것으로 본다.

부칙 〈제20720호, 2008. 2. 29.〉 (기획재정부와 그 소속기관 직제)

제1조(시행일) 이 영은 공포한 날부터 시행한다. 다만, 부칙 제8조에 따라 개정되는 대통령령 중 이 영의 시행 전에 공포되었으나 시행일이 도래하지 아니한 대통령령을 개정한 부분은 각각 해당 대통령령의 시행일부터 시행한다.

제2조 부터 제7조까지 생략

제8조(다른 법령의 개정) ① 및 ② 생략

③ 공공기관의 운영에 관한 법률 시행령 일부를 다음과 같이 개정한다.

제6조제7항, 제8조제1항·제2항, 제9조 각 호 외의 부분, 같은 조 제6호, 제16조제1항부터 제3항까지, 제17조제1항, 제18조제1항, 같은 조 제2항 각 호 외의 부분, 제27조제1항, 제2항 본문, 제28조제1항 각 호 외의 부분, 같은 조 제4항, 제29조 중 "기획예산처장관"을 각각 "기획재정부장관"으로 한다.

제11조제1항 각 호를 다음과 같이 한다.

1. 기획재정부장관이 지명하는 기획재정부차관 1명
2. 행정안전부장관이 지명하는 행정안전부차관 1명
3. 국민권익위원회 위원장이 지명하는 차관급 공무원 1명

제24조제2항 중 "중앙인사위원회 및 기획예산처"를 "기획재정부 및 행정안전부"로 한다.

제26조제1항 각 호 외의 부분 및 제2항 중 "재정경제부장관"을 각각 "기획재정부장관"으로 한다.

④ 부터 〈68〉 까지 생략

부칙 <제20947호, 2008. 7. 29.> (자본시장과 금융투자업에 관한 법률 시행령)

제1조(시행일) 이 영은 2009년 2월 4일부터 시행한다. <단서 생략>

제2조 부터 제25조까지 생략

제26조(다른 법령의 개정) ① 부터 ⑥ 까지 생략

⑦ 공공기관의 운영에 관한 법률 시행령 일부를 다음과 같이 개정한다.

제11조제2항제3호 중 "「증권거래법」 제2조제13항제3호 및 같은 조 제15항에 따른 주권상장법인·코스닥상장법인"을 "자본시장과 금융투자업에 관한 법률」 제9조제15항제3호에 따른 주권상장법인"으로 한다.

⑧ 부터 <113> 까지 생략

제27조 및 제28조 생략

부칙 <제22088호, 2010. 3. 26.>

이 영은 2010년 3월 30일부터 시행한다.

부칙 <제23024호, 2011. 7. 14.>

이 영은 공포한 날부터 시행한다.

부칙 <제23221호, 2011. 10. 14.> (국유재산법 시행령)

제1조(시행일) 이 영은 2011년 10월 15일부터 시행한다.

제2조(다른 법령의 개정) 공공기관의 운영에 관한 법률 시행령 일부

를 다음과 같이 개정한다.

제26조제1항을 삭제한다.

부칙 <제24441호, 2013. 3. 23.> (기획재정부와 그 소속기관 직제)

제1조(시행일) 이 영은 공포한 날부터 시행한다.

제2조 부터 제4조까지 생략

제5조(다른 법률의 개정) ① 및 ② 생략

③ 공공기관의 운영에 관한 법률 시행령 일부를 다음과 같이 개정한다.

제11조제1항제2호를 다음과 같이 한다.

2. 안전행정부장관이 지명하는 안전행정부차관 1명

제24조제2항 중 "행정안전부"를 "안전행정부"로 한다.

④부터 ㊸까지 생략

부칙 <제24697호, 2013. 8. 27.> (자본시장과 금융투자업에 관한 법률 시행령)

제1조(시행일) 이 영은 2013년 8월 29일부터 시행한다. <단서 생략>

제2조 부터 제11조까지 생략

제12조(다른 법령의 개정) ① 생략

② 공공기관의 운영에 관한 법률 시행령 일부를 다음과 같이 개정한다.

제30조를 다음과 같이 신설한다.

제30조(소수주주권의 행사 등) 법 제54조에서 "대통령령으로 정하는 증권시장"이란 「자본시장과 금융투자업에 관한 법률 시행령」 제176조의9제1항에 따른 유가증권시장을 말한다.

③부터 ㉟까지 생략

제13조 생략

부칙 〈제24780호, 2013. 10. 2.〉

이 영은 공포한 날부터 시행한다.

부칙 〈제25279호, 2014. 3. 24.〉 (금융회사부실자산 등의 효율적 처리 및 한국자산관리공사의 설립에 관한 법률 시행령)

제1조(시행일) 이 영은 공포한 날부터 시행한다.

제2조(다른 법령의 개정) ① 및 ② 생략

③ 공공기관의 운영에 관한 법률 시행령 일부를 다음과 같이 개정한다.

제18조제3항 중 "「금융회사 부실자산 등의 효율적 처리 및 한국자산관리공사의 설립에 관한 법률」"을 "「금융회사부실자산 등의 효율적 처리 및 한국자산관리공사의 설립에 관한 법률」"로 한다.

④부터 ㉞까지 생략

제3조 생략

부칙 〈제25532호, 2014. 8. 6.〉 (민감정보 및 고유식별정보

처리 근거 마련을 위한 공공기관의 운영에 관한 법률 시행령 등 일부개정령)
이 영은 2014년 8월 7일부터 시행한다.

부칙 〈제25751호, 2014. 11. 19.〉 (행정자치부와 그 소속기관 직제)
제1조(시행일) 이 영은 공포한 날부터 시행한다. 다만, 부칙 제5조에 따라 개정되는 대통령령 중 이 영 시행 전에 공포되었으나 시행일이 도래하지 아니한 대통령령을 개정한 부분은 각각 해당 대통령령의 시행일부터 시행한다.
제2조 부터 제4조까지 생략
제5조(다른 법령의 개정) ① 생략
② 공공기관의 운영에 관한 법률 시행령 일부를 다음과 같이 개정한다.
제11조제1항제2호를 다음과 같이 하고, 같은 항에 제4호를 다음과 같이 신설한다.
2. 행정자치부차관
4. 인사혁신처장
제24조제2항 중 “안전행정부”를 “인사혁신처”로 한다.
③부터 〈418〉까지 생략

부칙 〈제27073호, 2016. 3. 31.〉
이 영은 공포한 날부터 시행한다.

부칙 〈제27505호, 2016. 9. 22.〉

제1조(시행일) 이 영은 2016년 9월 23일부터 시행한다.

제2조(예비타당성 조사에 관한 적용례) 제25조의3의 개정규정은 이 영 시행 이후 예비타당성조사를 신청하는 경우부터 적용한다.

부칙 〈제28211호, 2017. 7. 26.〉 (행정안전부와 그 소속기관 직제)

제1조(시행일) 이 영은 공포한 날부터 시행한다. 다만, 부칙 제8조에 따라 개정되는 대통령령 중 이 영 시행 전에 공포되었으나 시행일이 도래하지 아니한 대통령령을 개정한 부분은 각각 해당 대통령령의 시행일부터 시행한다.

제2조 부터 제7조까지 생략

제8조(다른 법령의 개정) ① 및 ② 생략

③ 공공기관의 운영에 관한 법률 시행령 일부를 다음과 같이 개정한다.

제11조제1항제2호를 다음과 같이 한다.

2. 행정안전부차관

④부터 〈388〉까지 생략

부칙 〈제28232호, 2017. 8. 9.〉

이 영은 공포한 날부터 시행한다.

부칙 〈제29184호, 2018. 9. 28.〉

이 영은 2018년 9월 28일부터 시행한다.

부칙 〈제29858호, 2019. 6. 18.〉

제1조(시행일) 이 영은 2019년 7월 1일부터 시행한다.

제2조(양성평등을 위한 연차별 보고서에 관한 특례) 2019년 양성평등 임원임명 목표와 그 이행 계획(2019년 7월 1일부터 12월 31일까지의 기간에 해당하는 것을 말한다)은 제20조의2제1항의 개정규정에도 불구하고 2019년 8월 31일까지 제출해야 하며, 해당 계획에 대한 같은 조 제2항제2호의 사항은 2020년 연차별 보고서에 반영해야 한다.

부칙 〈제31169호, 2020. 11. 24.〉

제1조(시행일) 이 영은 2021년 1월 1일부터 시행한다.

제2조(임원추천위원회의 구성 및 운영에 관한 적용례) ① 제23조제1항의 개정규정(임원의 임기 만료 외의 사유에 관한 부분에 한정한다)은 이 영 시행 이후 임원의 임기 만료 외의 사유로 임원을 새로 선임할 필요가 발생한 경우부터 적용한다.

② 제23조제2항의 개정규정은 이 영 시행 이후 임원의 임기가 만료되는 경우부터 적용한다.

제3조(다른 법령의 개정) ① 공익사업을 위한 토지 등의 취득 및 보상에 관한 법률 시행령 일부를 다음과 같이 개정한다.

제49조제1항 중 "「공공기관의 운영에 관한 법률」 제5조제3항제1호"를 "「공공기관의 운영에 관한 법률」 제5조제4항제1호"로 한다.

② 공인중개사법 시행령 일부를 다음과 같이 개정한다.

제36조제1항제3호 및 같은 조 제2항 중 “「공공기관의 운영에 관한 법률」 제5조제3항”을 각각 “「공공기관의 운영에 관한 법률」 제5조제4항”으로 한다.

③ 공인회계사법 시행령 일부를 다음과 같이 개정한다.

제4조제1항제1호 중 “「공공기관의 운영에 관한 법률」 제5조제3항제1호”를 “「공공기관의 운영에 관한 법률」 제5조제4항제1호”로 한다.

④ 국가연구개발사업의 관리 등에 관한 규정 일부를 다음과 같이 개정한다.

제23조제2항 각 호 외의 부분 중 “「공공기관의 운영에 관한 법률」 제5조제3항제1호”를 “「공공기관의 운영에 관한 법률」 제5조제4항제1호”로 한다.

별표 2의 간접비의 계상기준란 제3호 각 목 외의 부분 본문 중 “「공공기관의 운영에 관한 법률」 제5조제3항제1호”를 “「공공기관의 운영에 관한 법률」 제5조제4항제1호”로 한다.

⑤ 국토의 계획 및 이용에 관한 법률 시행령 일부를 다음과 같이 개정한다.

제59조제5항 중 “「공공기관의 운영에 관한 법률」 제5조제3항제1호”를 “「공공기관의 운영에 관한 법률」 제5조제4항제1호”로 한다.

제98조제2항 중 “「공공기관의 운영에 관한 법률」 제5조제3항제1호”를 “「공공기관의 운영에 관한 법률」 제5조제4항제1호”로 한다.

⑥ 남녀고용평등과 일·가정 양립 지원에 관한 법률 시행령 일부

를 다음과 같이 개정한다.

제17조제1항제1호 중 "「공공기관의 운영에 관한 법률」 제5조제3항제2호"를 "「공공기관의 운영에 관한 법률」 제5조제4항제2호"로 한다.

⑦ 도시재생 활성화 및 지원에 관한 특별법 시행령 일부를 다음과 같이 개정한다.

제32조 중 "「공공기관의 운영에 관한 법률」 제5조제3항제1호"를 "「공공기관의 운영에 관한 법률」 제5조제4항제1호"로 한다.

제32조의3제1항 중 "「공공기관의 운영에 관한 법률」 제5조제3항제1호"를 "「공공기관의 운영에 관한 법률」 제5조제4항제1호"로 한다.

⑧ 병역법 시행령 일부를 다음과 같이 개정한다.

제47조제1호 중 "「공공기관의 운영에 관한 법률」 제5조제3항"을 "「공공기관의 운영에 관한 법률」 제5조제4항"으로 한다.

⑨ 새만금사업 추진 및 지원에 관한 특별법 시행령 일부를 다음과 같이 개정한다.

제31조의21제1항제2호 중 "「공공기관의 운영에 관한 법률」 제5조제3항"을 "「공공기관의 운영에 관한 법률」 제5조제4항"으로 한다.

⑩ 신행정수도 후속대책을 위한 연기·공주지역 행정중심복합도시 건설을 위한 특별법 시행령 일부를 다음과 같이 개정한다.

제31조제2항제1호 중 "「공공기관의 운영에 관한 법률」 제5조제3항제1호"를 "「공공기관의 운영에 관한 법률」 제5조제4항제1호"로 하고, 같은 항 제2호 중 "「공공기관의 운영에 관한 법률」 제5조제3

항제2호나목”을 “「공공기관의 운영에 관한 법률」 제5조제4항제2호 나목”으로 한다.

⑪ 엔지니어링산업 진흥법 시행령 일부를 다음과 같이 개정한다.

제5조제3호 중 “「공공기관의 운영에 관한 법률」 제5조제3항제1호”를 “「공공기관의 운영에 관한 법률」 제5조제4항제1호”로 한다.

⑫ 용산공원 조성 특별법 시행령 일부를 다음과 같이 개정한다.

제9조제1항제1호 중 “「공공기관의 운영에 관한 법률」 제5조제3항제1호”를 “「공공기관의 운영에 관한 법률」 제5조제4항제1호”로 한다.

⑬ 원전비리 방지를 위한 원자력발전사업자등의 관리ㆍ감독에 관한 법률 시행령 일부를 다음과 같이 개정한다.

제2조제2호 중 “「공공기관의 운영에 관한 법률」 제5조제3항”을 “「공공기관의 운영에 관한 법률」 제5조제4항”으로 한다.

⑭ 한국토지주택공사법 시행령 일부를 다음과 같이 개정한다.

제35조제1항제3호 중 “「공공기관의 운영에 관한 법률」 제5조제3항”을 “「공공기관의 운영에 관한 법률」 제5조제4항”으로 한다.

⑮ 환경영향평가법 시행령 일부를 다음과 같이 개정한다.

제67조의2제2호 중 “「공공기관의 운영에 관한 법률」 제5조제3항제1호”를 “「공공기관의 운영에 관한 법률」 제5조제4항제1호”로 한다.

부칙 〈제31380호, 2021. 1. 5.〉 (어려운 법령용어 정비를 위한 473개 법령의 일부개정에 관한 대통령령)

이 영은 공포한 날부터 시행한다. 〈단서 생략〉

부칙 〈제31726호, 2021. 6. 8.〉 (도로명주소법 시행령)

제1조(시행일) 이 영은 2021년 6월 9일부터 시행한다.

제2조 부터 제11조까지 생략

제12조(다른 법령의 개정) ① 공공기관의 운영에 관한 법률 시행령 일부를 다음과 같이 개정한다.

제29조의4제1항제1호 중 "「도로명주소법」 제2조제8호"를 "「도로명주소법」 제2조제6호"로 한다.

②부터 ⑦까지 생략

제13조 생략

별표 / 서식

[별표 1] 총수입액산정방식[제2조관련]

[별표 2] 자체수입액산정방식[제5조관련]

대한민국 법령 시리즈 199.

공공기관의 운영에 관한 법률

(약칭 : 공공기관운영법)

법 령 / 시 행 령

2022년 1월 5일 인쇄 정가 12,000원
2022년 1월 15일 발행

저 자 법제처 국가법령정보센터
편 집 송영미
발 행 인 조준형
발 행 처 해광출판사
주 소 부산광역시 중구 해관로 41-1 (중앙동2가)
전화번호 (051) 253-0001 팩스 (051) 245-1187
등 록 제 2012-000005호
http://www.hgbookpub.com
E-mail : mwdangbook@hanmail.net

해광출판사에서는 여러분의 소중한 원고와 함께 할 기회를 기다리고 있습니다. 책으로 엮을 원고나 아이디어가 있으신 분들은 이메일 mwdangbook@hanmail.net 로 책에 대한 간단한 개요와 원고 전체 또는 일부를 연락처와 함께 보내주십시오.

ISBN 979-11-6881-000-6

※ 본 도서는 〈공공데이터 제공 및 이용 활성화에 관한 법률〉을 근거로 출판되었습니다.

해광출판사 법령 시리즈

001. 선원법
002. 어선법
003. 선박직원법
004. 해사안전법
005. 해양환경관리법
006. 선박의 입항 및 출항등에 관한 법률
007. 학교안전사고예방 및 보상에 관한 법률
008. 종합부동산세법
009. 방위사업법
010. 행정규제기본법
011. 식품산업진흥법
012. 위험물안전관리법
013. 화재예방, 소방시설 설치·유지 및 안전관리에 관한 법률
014. 도시가스사업법
015. 실내공기질관리법
016. 지방세법
017. 소득세법
018. 법인세법
019. 도선법
020. 선박안전법
021. 선박법
022. 수산업법
023. 고압가스안전관리법
024. 국민연금법
025. 공동주택관리법
026. 화학물질관리법
027. 어선원 및 어선 재해보상보험법
028. 장기등 이식에 관한 법률
029. 자연재해대책법
030. 공유재산 및 물품 관리법
031. 산업입지 및 개발에 관한 법률
032. 부정경쟁방지 및 영업비밀보호에 관한 법률
033. 금융지주회사법
034. 온실가스 배출권의 할당 및 거래에 관한 법률
035. 건축사법
036. 산림문화휴양에 관한 법률
037. 전기사업법
038. 사립학교법
039. 고등교육법
040. 액화석유가스의 안전관리 및 사업법
041. 선박투자회사법
042. 수산자원관리법
043. 위험물선박운송및저장규칙
044. 선박평형수관리법
045. 주택임대차보호법
046. 상가건물임대차보호법
047. 지방공기업법
048. 승강기안전관리법
049. 수목원·정원의 조성 및 진흥에 관한 법률
050. 민법
051. 치료감호 등에 관한 법률
052. 대부업 등의 등록 및 금융이용자 보호에 관한 법률
053. 사료관리법
054. 무형문화재 보전 및 진흥에 관한 법률
055. 총포·도검·화약류 등의 안전관리에 관한 법률
056. 경찰관직무집행법
057. 시설물의 안전 및 유지관리에 관한 특별법
058. 수산생물질병 관리법
059. 소비자기본법
060. 국제선박등록법
061. 정보통신망 이용촉진 및 정보보호 등에 관한 법률
062. 해운법
063. 농수산물 품질관리법
064. 수산업협동조합법
065. 해외건설촉진법
066. 수상레저안전법
067. 공무원재해보상법
068. 수상에서의 수색·구조 등에 관한 법률
069. 어촌어항법
070. 항만법
071. 항만운송사업법
072. 해양경비법
073. 해양사고의 조사 및 심판에 관한 법률
074. 외국인근로자의 고용 등에 관한 법률
075. 중소기업기본법
076. 자유무역지역의 지정 및 운영에 관한 법률
077. 대기환경보전법
078. 소음진동관리법
079. 폐기물관리법
080. 하수도법
081. 물환경보전법
082. 토양환경보전법
083. 환경정책기본법
084. 산업재해보상보험법
085. 관세법
086. 노동조합 및 노동관계조정법
087. 근로기준법
088. 군인연금법
089. 먹는물관리법
090. 기술보증기금법
091. 관광진흥법
092. 감염병의 예방 및 관리에 관한 법률
093. 사법경찰관리의 직무를 수행할 자와 그 직무범위에 관한 법률
094. 수의사법
095. 가정폭력방지 및 피해자보호 등에 관한 법률
096. 환경영향평가법
097. 체육시설의 설치 · 이용에 관한 법률
098. 장사 등에 관한 법률
099. 상호저축은행법
100. 은행법
101. 보호관찰 등에 관한 법률
102. 형법
103. 자동차관리법
104. 형사소송법
105. 전자금융거래법
106. 마약류 불법거래 방지에 관한 특례법
107. 도로법
108. 주세법
109. 변리사법
110. 하천법
111. 중소기업진흥에 관한 법률
112. 발달장애인 권리보장 및 지원에 관한 법률
113. 주택법
114. 장애인복지법
115. 농어업경영체 육성 및 지원에 관한 법률
116. 공인중개사법
117. 건강기능식품에 관한 법률
118. 예비군법
119. 개발제한구역의 지정 및 관리에 관한 특별조치법
120. 국유재산법
121. 주차장법
122. 환경기술 및 환경산업 지원법
123. 대기관리권역의 대기환경개선에 관한 특별법
124. 악취방지법
125. 미세먼지 저감 및 관리에 관한 특별법
126. 가축분뇨의 관리 및 이용에 관한 법률
127. 물의 재이용 촉진 및 지원에 관한 법률
128. 물관리기본법
129. 물관리기술 발전 및 물산업 진흥에 관한 법률
130. 자원의 절약과 재활용촉진에 관한 법률

해광출판사 법령 시리즈

131. 전기·전자제품 및 자동차의 자원순환에 관한 법률
132. 건설폐기물의 재활용촉진에 관한 법률
133. 수도권매립지관리공사의 설립 및 운영 등에 관한 법률
134. 폐기물의 국가 간 이동 및 그 처리에 관한 법률
135. 폐기물처리시설 설치촉진 및 주변지역지원 등에 관한 법률
136. 자원순환기본법
137. 잔류성오염물질 관리법
138. 환경분쟁 조정법
139. 화학물질의 등록 및 평가 등에 관한 법률
140. 환경오염시설의 통합관리에 관한 법률
141. 환경오염피해 배상책임 및 구제에 관한 법률
142. 중소기업제품 구매촉진 및 판로지원에 관한 법률
143. 환경개선비용 부담법
144. 환경분야 시험·검사 등에 관한 법률
145. 환경친화적 산업구조로의 전환촉진에 관한 법률
146. 환경친화적 자동차의 개발 및 보급 촉진에 관한 법률
147. 환경범죄 등의 단속 및 가중처벌에 관한 법률
148. 생명윤리 및 안전에 관한 법률
149. 장애인차별금지 및 권리구제 등에 관한 법률
150. 부동산투자회사법
151. 정치자금법
152. 과학기술기본법
153. 대리점거래의 공정화에 관한 법률
154. 상속세 및 증여세법
155. 학원의 설립·운영 및 과외교습에 관한 법률
156. 해양심층수의 개발 및 관리에 관한 법률
157. 전기용품 및 생활용품 안전관리법
158. 사회기반시설에 대한 민간투자법
159. 공직선거법
160. 정당법
161. 유류오염손해배상 보장법
162. 부정청탁 및 금품등 수수의 금지에 관한 법률
163. 항로표지법
164. 어장관리법
165. 민방위기본법
166. 공직자윤리법
167. 선거관리위원회법
168. 유선 및 도선 사업법
169. 전기공사업법
170. 사회복지사업법
171. 택지개발촉진법
172. 국가공무원법
173. 민간임대주택에 관한 특별법
174. 어음법·수표법
175. 민사집행법
176. 상법
177. 문화예술진흥법
178. 중소기업협동조합법
179. 농업협동조합법
180. 도로교통법
181. 의료사고 피해구제 및 의료분쟁 조정 등에 관한 법률
182. 산림보호법
183. 소년법
184. 동물보호법
185. 건축물관리법
186. 도시개발법
187. 화물자동차 운수사업법
188. 도시 및 주거환경정비법
189. 의료법
190. 국회법
191. 응급의료에 관한 법률
192. 출입국관리법
193. 노인복지법
194. 산림자원의 조성 및 관리에 관한 법률
195. 청소년 보호법
196. 초·중등교육법
197. 혁신도시 조성 및 발전에 관한 특별법
198. 경제자유구역의 지정 및 운영에 관한 특별법
199. 공공기관의 운영에 관한 법률

*** 해광출판사의 법령 시리즈는 계속 발행 됩니다.**